RE'PONSE A LA DISSERTATION QUI EST A LA FIN DU LIVRE DE MR ARNAUD,

Touchant le Livre du Corps & du Sang du Seigneur, publié sous le nom de BERTRAM, & touchant l'autorité de JEAN SCOT OU ERIGENE.

Avec quelques augmentations importantes faites à la Réponse au Livre de M. ARNAUD, par l'Auteur mesme.

Se vend à Quevilly,
Par JEAN LUCAS, demeurant à Roüen, ruë saint Lo, prés la Porte du Palais.

M. DC. LXXI.

ATTESTATION.

L'Auteur de cette Dissertation a entre ses mains l'Attestation que les Sieurs Jean Daillé & Jean Mesnard luy ont donnée, portant qu'ayant lû & examiné son Ouvrage ils n'y ont rien trouvé qui ne soit conforme à la Doctrine qui s'enseigne parmy nous.

AVERTISSEMENT.

EUX qui jetteront les yeux ſur cette réponſe, croiront peut-eſtre d'abord que ces queſtions de critique ne ſont bonnes tout au plus que pour des gens de cabinet. Cependant on peut aſſûrer qu'il s'agit icy de pluſieurs faits tres-importans, & en quelque façon neceſſaires pour l'éclairciſſement de la controverſe de l'Euchariſtie. L'Egliſe Romaine prétend que nous avons abandonné la foy ancienne, & que Bérenger fut un des premiers qui enſeigna noſtre doctrine au commencement de l'onziéme Siécle. Nous au contraire, ſoûtenons que c'eſt l'Egliſe Romaine qui s'eſt elle-meſme departie de l'ancienne créance; & que ce fut Paſchaſe Ratbert, qui dans le commencement du neuviéme Siécle enſeigna la préſence réelle & la converſion ſubſtancielle. C'eſt en peu de mots à quoy ſe reduit toute la diſpute qui eſt entre M. Claude & M. Arnaud.

M. Claude a montré fortement & clairement que tout ce qu'il y eut d'Ecrivains de plus grand nom dans le 9. Siécle, s'oppoſérent à la doctrine de Paſchaſe, & que par conſéquent Paſchaſe doit eſtre regardé comme un véritable Innovateur. Or parmy ces Ecrivains M. Claude produit Jean Scot ou Erigene, & Bertram ou Ratramne Religieux de Corbie, deux des plus grands perſonnages de ce Siécle-là; & il fait voir qu'ils ont écrit tous deux contre les nouveautez que Paſchaſe avoit miſes en avant; que l'un dédia ſon ouvrage au Roy Charles le Chauve, & que l'autre écrivit auſſi le ſien par ordre de ce meſme Roy: Que le premier ayant vécu quelque temps dans la Cour de ce Prince, mourut apres en Angleterre en grande reputation de Sainteté, & que l'autre fut toûjours eſtimé & reveré comme le défenſeur de l'Egliſe, ce qui ſemble eſtre decisif en noſtre faveur.

M. Arnaud de ſon coſté ſe ſentant preſſé par la conſéquence de ces preuves, a fait un dernier effort pour tâcher de les détruire ou de les affoiblir. Dans cette veuë il a publié à la fin de ſon Volume deux Diſſertations, l'une ſous ſon nom, & l'autre ſous le nom d'un Religieux de ſainte Geneviéve, dont on ne dit-

pas le nom. Dans la premiére qui eſt ſous le nom du Religieux, il fait deux choſes, car premiérement il tâche de perſuader que le livre du Corps & du Sang du Seigneur n'eſt pas en effet de Ratramne, mais de Jean Scot: & en ſecond lieu il tâche de décrier Jean Scot, & de luy oſter toute eſtime & toute autorité. Dans l'autre Diſſertation M. Arnaud prétend que de quelque Auteur que ſoit ce Livre, M. Claude n'en a pas bien pris le ſens, & qu'il n'eſt pas vray que ce livre combatte la doctrine de Paſchaſe. C'eſt ainſi que M. Arnaud a prétendu ſe défaire de la preuve de M. Claude: de ſorte que pour luy oſter cette derniére évaſion, & pour rétablir cette partie de la preuve de M. Claude, il eſt neceſſaire de faire voir nettement, & que le petit livre du Corps & du Sang du Seigneur eſt en effet de Ratramne, & que ce livre eſt directement oppoſé à la doctrine de Paſchaſe, & que Jean Scot eſt un Auteur dont le témoignage eſt de grand poids & de grande autorité. C'eſt ce que je me ſuis propoſé de faire dans cette réponſe, & j'eſpére qu'on jugera aiſément que ces ſortes d'éclairciſſemens ne ſont ny inutiles, ny meſme deſagréables. Au reſte j'ay crû que je ne devois pas entrer dans un examen particulier de la ſeconde Diſſertation touchant le ſens du livre de Bertram, parce que l'Hiſtoire que je fais de ce Livre, & le jugement que ceux de l'Egliſe Romaine en ont fait eux-meſmes en divers tems, avec ce que M. Claude en a rapporté dans le Chapitre 11. de ſon ſixiéme Livre, ſuffiſent pour faire voir clairement que cét Auteur a directement combattu la doctrine de Paſchaſe, ſans qu'il faille fatiguer les Lecteurs par des repétitions ennuyeuſes. D'ailleurs on eſpére de donner bientôt au public une traduction du livre de Bertram, & comme c'eſt un petit Traité qui ne demande qu'une heure de lecture, chacun y pourra voir de ſes propres yeux quel eſt ſon véritable ſens, ſans le chercher par un plus long détour dans les raiſonnemens de M. Arnaud ou dans les miens.

RE'PONSE A LA DISSERTATION QUI EST A LA FIN DU LIVRE DE MR ARNAUD.

Touchant le Livre du Corps & du Sang du Seigneur, publié sous le nom de BERTRAM, & touchant l'autorité de JEAN SCOT, ou ERIGENE.

PREMIERE PARTIE.

Où il est montré que le Livre du Corps & du Sang du Seigneur, publié sous le nom de Bertram est un Ouvrage de Ratramne Moine de Corbie, & non pas de Jean Scot.

CHAPITRE PREMIER.

Histoire des divers sentimens que les Docteurs de l'Eglise Romaine ont mis en avant touchant ce Livre, pour empescher l'avantage que nous en tirons.

LE Livre de Bertram *du Corps & du Sang du Seigneur* ayant esté imprimé à Cologne l'an 1532. les Docteurs de l'Eglise Romaine le jugerent si peu favorable pour eux, qu'ils crûrent qu'il faloit luy oster toute sorte d'autorité, & le décrier ou comme un Livre tout-à-fait heretique, ou comme un Ouvrage supposé, ou du moins comme un Ecrit corrompu par les Protestans.

En 1559. ceux qui furent employez par le Concile de Trente pour l'examen des Livres, mirent celuy-cy au rang des Auteurs hérétiques de la première classe, dont il faloit interdire la lecture. Leur jugement fut publié par Pie IV. & fut suivy par les Cardinaux Bellarmin & Quiroga, par le Pape Clement VIII. & par le Cardinal Sandoval.

Liv. I. de Euch. c. I. Indic. Quirog. Ind. Clem VIII. Indic. Sandov. A 1612.

Sixte de Sienne ne traita pas mieux ce Livre en 1566. il mit en avant que c'estoit un ouvrage pernicieux, & qu'il avoit esté composé par Oecolampade, & publié par les disciples d'Oecolampade sous le nom de Bertram Auteur orthodoxe pour le faire mieux recevoir. Le Jesuitte Possevin, & quelques autres, suivirent le sentiment de Sixte, & soûtinrent la mesme accusation contre les Auteurs de l'impression de ce Livre.

Præfat. in Bibl. sanct. Proleg. in Appar.

Mais, outre que l'Evesque de Rochester l'avoit cité contre Oecolampade mesme dés l'année 1526. c'est-à-dire, six ans avant qu'il fust imprimé, les divers Manuscrits qui s'en sont trouvez depuis dans les Bibliothéques, ont fait voir que cette accusation estoit injuste & temeraire; ce qui a obligé l'Auteur de la Dissertation que j'examine à s'en départir formellement, & à confesser que cette impression a esté faite de bonne-foy.

Joan. Roffens proleg. in 4. libr. adv. Oecolamp. Article 2.

Ce fut sans doute par la mesme raison qu'en 1571. les Théologiens de Doüay prirent un autre party que celuy de la proscription entiere du Livre; *Encore*, disent-ils, *que nous ne fassions pas grand cas de ce Livre & que nous ne nous missions pas fort en peine quand il ne se trouveroit plus, ou qu'il seroit entierement pery; néanmoins puis qu'il a deja esté imprimé diverses fois, & que beaucoup de gens l'ont lû, que son nom est devenu celebre par la défense qu'on a faite de ce Livre, les hérétiques mesmes n'ignorant pas qu'il a esté défendu par divers Catalogues, que d'ailleurs son Auteur a esté un Prestre Catholique Religieux du Convent de Corbie, aymé & consideré non par Charles-Magne, mais par Charles le Chauve; que cét écrit sert à l'histoire de tout ce temps là, & qu'au reste nous souffrons bien dans les anciens Auteurs Catholiques plusieurs erreurs, les extenuant, les excusant, souvent mesme les niant par quelque défaite inventée exprés, ou leur donnant un sens commode quand on nous les oppose dans les disputes que nous avons avec les Aversaires; nous ne voyons pas pourquoy Bertram ne merite pas que l'on use envers luy de la mesme équité, & que l'on se donne la mesme peine pour le revoir, & pour le corriger,* cur non eandem recognitionem mereatur Bertramus, *de peur que*

Indic. Belgic. voce Bertramus.

les hérétiques ne nous reprochent avec risée que nous brûlons l'Antiquité, & que nous en défendons la lecture quand elle fait pour eux: & qu'ainsi l'on ne doit pas estre surpris de ce qu'il semble qu'il s'y trouve peu de chose qui leur soit favorable, puis que nous Catholiques nous traitons l'Antiquité avec si peu de respect, & que nous faisons ainsi perir les Livres dés qu'ils nous sont mesme apparemment contraires. Nous craignons aussi qu'à cause de la défense qui a esté faite de ce Livre, il ne soit lû avec plus d'ardeur, non seulement par les hérétiques, mais aussi par les Catholiques des-obeïssans, qu'on ne l'allegue d'une façon plus odieuse, & qu'enfin il ne nuise davantage estant défendu que s'il estoit permis.

C'est ainsi que les Théologiens de Doüay expliquent de bonne-foy comme ils croyent qu'on en doit user pour les Livres qui ne sont pas favorables à leur créance. Ils ne veulent pas qu'on supprime ny qu'on défende le Livre de Bertram, mais seulement qu'on se donne la peine de le corriger.

Grégoire de Valence & Nicolas Romæus suivent le sentiment des Théologiens de Doüay; mais cét expedient est devenu tout-à-fait impossible depuis qu'on a trouvé divers Manuscrits en des lieux non suspects, & que ces Manuscrits se sont trouvez entierement conformes à l'imprimé, comme nous l'apprend le Cardinal du Perron, & d'autres aprés luy. Ainsi les Docteurs de l'Eglise Romaine se trouvant déchûs non seulement de l'esperance de faire passer cét ouvrage pour un ouvrage supposé, mais aussi de celle de le faire soupçonner d'avoir esté corrompu, il a falu nécessairement chercher de nouveaux moyens pour éluder l'avantage que nous en tirons.

L. 1. de Præf. Chr. in Euch. c. 1. p. 10.

In Calvini Effig. spect. 3 col. 21. & spect. 8. col. 72.

Liv. 2. de l'Euch. Auth. 39. p. 666. & Usser de success. Eccles. c. 2. p. 41.

Dissertat. Hist. p. 134. & 135. c. 17.

M. le Président Mauguin voyant donc d'un costé qu'on ne pouvoit plus nier que le livre ne fust véritable, reconnoissant d'ailleurs que ce Bertram à qui il est attribué, n'est autre que Ratramne Religieux de Corbie; ce Ratramne qu'il venoit de produire avec tant d'éloges, comme le défenseur de la doctrine de l'Eglise sur le sujet de la Grace, M. Mauguin, dis-je, a crû qu'il faloit tâcher de quelque maniére que ce fust de le justifier du crime d'hérésie sur le sujet de l'Eucharistie. Pour cét effet il s'est avisé de soûtenir que Ratramne dans le livre dont il s'agit, défend la mesme doctrine que Paschase Ratbert a défenduë dans celuy qu'il a composé sur le mesme sujet; que l'un & l'autre savoir Ratramne & Paschase avoient en teste les mesmes hérétiques, ſavoir certains Stercoraniſtes qui ſelon le Cardinal du Perron, parurent au 9. ſiécle, qu'ils s'accordent admirablement bien tous deux à défendre la vérité Catholique; & qu'ainſi on ne peut intenter aucune accuſation d'héréſie contre Bertram, comme ceux de ſa Communion l'avoient fait juſqu'alors ſans raiſon.

M. Herman Chanoine de Beauvais a embraſſé ce ſentiment de M. Mauguin dans une lettre à M. de Sainte Beuve imprimée en 1652. ſous le nom de HIERONYMUS AB ANGELO FORTI; & c'eſt par ce moyen qu'il tâche de défendre le party des diſciples de Janſénius contre M. Deſmareſts Profeſſeur en Théologie à Groningue qui combatoit la Tranſſubſtantiation par l'autorité de ce meſme Ratramne, que Meſſieurs de Port-Royal produiſoient comme un des plus glorieux témoins de la créance de l'Egliſe contre les nouveautez de Molina.

Il ſemble meſme que M. de ſainte Beuve ne s'eſt pas éloigné de cette penſée de Meſſieurs Mauguin & Herman dans ſon Traité Manuſcrit de l'Euchariſtie, comme on le recueille de la Préface de D. Luc d'Achery ſur le ſecond Tome de ſon Spicilége. Il eſt vray que par une aſſez étrange injuſtice, aprés le témoignage du Cardinal du Perron, & des autres qui ont vû les Manuſcrits du livre de Bertram, il ne laiſſe pas de le vouloir ſoupçonner encore de quelque altération. Il veut pourtant qu'au pis aller on ait égard à ce que Ratramne eſt mort dans le ſein de l'Egliſe, & qu'on ſupporte ce qu'il pourroit y avoir de choquant dans ſes expreſſions. C'eſt-là le party que ces deux Meſſieurs ont pris afin de conſerver toute ſon autorité à Ratramne, dont le témoignage leur ſert en autre choſe.

Le Jeſuite Cellot au contraire, s'eſtant propoſé dans ſon hiſtoire de Gotheſcalc & dans ſes Appendices de combatre les ſentimens de M. Mauguin ſur le ſujet de la Grace, & de décrediter ſes témoins, s'eſt emporté contre la perſonne de Ratramne. Il le reconnoiſt bien pour le véritable Auteur du livre *du Corps & du Sang du Seigneur*; mais il fait tout ce qu'il peut pour le décrediter, & pour luy oſter l'autorité que ces autres Meſſieurs luy vouloient conſerver. Quoy qu'il en ſoit, il l'abandonne aux Proteſtans comme eſtant pour eux, & ſoûtient avec Poſſevin qu'encore qu'on euſt crû que ce Livre pourroit eſtre toleré en l'adouciſſant & en le corrigeant; c'eſt pourtant fort juſtement qu'il a eſté proſcrit par le Pape Clement VIII.

D'autres

D'autres plus éclairez dans la Communion de Rome se sont bien apperçûs que si ce que le Jesuite Cellot avance contre Ratramne luy servoit contre les disciples de Jansénius, & si sa conduite estoit avantageuse contre les aversaires qu'il avoit en teste, il n'en estoit pas de mesme à nostre égard. Car à mesure qu'il ostoit à ses aversaires un Auteur aussi célebre que Ratramne, en le décriant comme Hérétique sur le sujet de l'Eucharistie, il nous le donnoit sans aucune contestation, & par ce moyen il nous fournissoit luy-mesme de son bon gré un témoin fort authentique contre la Transsubstanciation & la présence réelle. Ils ont donc crû que pour ne tomber pas dans cét inconvénient, il faloit inventer quelque nouveau moyen, qui d'un côté fust moins hardy & plus vray-semblable que ne l'estoit celuy de M. Mauguin, lequel ne se peut raisonnablement défendre, & qui de l'autre ne nous donnast pas tant d'avantage que le Pere Cellot nous en avoit donné en mettant absolument Ratramne de nostre côté.

C'est ce qu'il semble que s'est proposé feu M. de Marca Archevesque de Paris, lors qu'il a mis en avant comme une nouvelle découverte que le livre dont il s'agit est de Jean Scot, ou Erigene. Car à la faveur de cette opinion il a prétendu conserver à Ratramne toute son autorité & toute sa gloire, & laisser en mesme tems au livre du Corps & du Sang du Seigneur, la flétrissure de Livre hérétique, selon l'Arrest des Censeurs Romains. On pourroit accuser M. de Marca d'inconstance, puis que dans son Traité François de l'Eucharistie qui a esté publié depuis sa mort par M. L'Abbé Faget son Cousin germain, il avoit reconnu que Bertram & Ratramne n'est qu'un seul & mesme Auteur, & que le livre du Corps & du Sang du Seigneur est véritablement de Ratramne.

Quoy qu'il en soit M. de Marca soûtient en sa lettre à D. Luc d'Achery écrite en 1657. Premiérement, Que le Livre du Corps & du Sang du Seigneur n'est point de Ratramne comme les Savans l'avoient crû. 2. Qu'il est veritablement de Jean surnommé Scot ou Erigene. 3. Que Jean Scot reconnoissant que ce Livre estoit contraire à la doctrine de l'Eglise, le publia sous le nom de Ratramne par une insigne imposture pour luy donner plus de poids. 4. Que ce Livre est donc le mesme qui fut condamné au Concile de Verceil par Leon IX. comme le rapporte Lanfranc, & qui fut enfin brûlé au Concile de Rome, sous Nicolas II. en

T.2.Spicil.

1059. C'est ainsi qu'il rejette sa premiére pensée par une foiblesse de l'esprit humain, dont les plus grands hommes ne sont pas exemps, & où l'on tombe aisément quand on a interest à changer.

M. de Marca avoit bien reconnu que c'estoit une chose fâcheuse pour la créance Romaine, de dire que Paschase qui en est comme le chef, selon l'hypothése des Protestans, eust esté combatu par tout ce qu'il y avoit alors de plus illustre & de plus savant dans l'Eglise. Il avoit encore bien jugé que ceux qui feroient réflexion sur la personne de Ratramne, seroient dans une extréme surprise de voir que sur les contestations que la doctrine de Paschase fit naître, Charles le Chauve ayant consulté Ratramne, ce grand homme eust pris le party des aversaires de Paschase. Il savoit bien aussi que ce fut ce mesme Ratramne, qui fut consulté sur le sujet de la Grace par le mesme Charles le Chauve, & qui se montra si jaloux de la vérité, qu'il ne craignit pas de s'opposer trois fois à Hincmar son Archevesque comme M. Mauguin l'a remarqué, que ce Ratramne fut si célébre dans son Siécle, qu'aprés ces démarches contre Hincmar, Hincmar mesme & les autres Prélats de France, le chargérent de répondre en leur nom aux objections des Grecs dans la dispute qui s'estoit formée entre les Grecs & les Latins. Il n'y avoit pas moyen de faire passer un tel Auteur pour hérétique. D'ailleurs M. Marca ne pouvoit pas nier que le livre du Corps & du Sang du Seigneur ne dust estre attribué à Rattramne, si l'on s'en rapportoit au témoignage de Sigebert. Il l'appelle luy mesme *le petit livre publié par les Protestans, sous le nom de Bertram, & attribué à Ratramne par Sigebert & par Trithéme.* Il croyoit mesme avoir une preuve certaine que dés le 9. Siécle ce livre avoit porté le titre de Ratramne, parce que l'Anonyme publié par Cellot, met Ratramne pour un des aversaires de Paschase. Et M. de Marca prenoit cét Anonyme pour un Auteur du 9. Siécle, comme l'avoit crû aussi du Perron. Quel remede a ces inconveniens qui paroissent d'une si grande conséquence? Car de prendre le party de M. Mauguin, & dire que le Livre dont il s'agist ne contient rien qui ne soit conforme à la créance de l'Eglise Romaine, c'estoit selon luy une chose insoûtenable.

Dissertat. hist. c. 17. p. 135.

Epist. ad D. Luc d'Ach. T. 2. Spicil.

Pour se dégager de cet embarras M. de Marca crût qu'il faloit soûtenir que Jean Scot estoit le véritable Auteur de cét écrit, que ce fut Jean Scot qui le supposa luy-mesme à Ratramne, & que l'Anonyme de Cellot ne sachant pas cette supposition y a esté trompé. C'est là l'invention heureuse par laquelle M. de Marca a crû pouvoir donner plusieurs avantages à son party. 1. Il réduit deux aversaires de Paschase à un, ce qui en diminuë déja le nombre. 2. Il délivre Paschase d'un aversaire qui a esté constamment tenu pour tres-orthodoxe dans son Siécle. 3. Par ce moyen il décrie ce Livre mesme en le donnant à un Auteur, qui au 9. Siécle s'attira quelques censures des Conciles de Valence & de Langres sur les questions de la Grace, & que l'Eglise Romaine condamna dans l'onziéme à Verceil & à Rome sur la matiére de l'Eucharistie. 4. Il décharge son Eglise du reproche d'avoir condamné dans l'onziéme Siécle, & de condamner encore aujourd'huy une doctrine qui auroit esté enseignée dans le neuviéme par un Auteur Orthodoxe comme Ratramne. Au reste le nom de Jean Scot luy a paru propre à donner quelque couleur à sa découverte, parce qu'en effet Jean Scot écrivit aussi un Livre sur le sujet de l'Eucharistie qu'il dédia à Charles le Chauve, & que ce Livre ne se trouve plus, soit qu'on l'ait supprimé à dessein, soit que le temps l'ait fait disparoistre comme il en a fait disparoistre d'autres.

On peut dire sans s'éloigner de la vraye-semblance que M. Arnaud & ses amis ont eu les mesme interests que M. de Marca, & qu'ils en ont esté touchez de mesme. Mais on peut ajoûter aussi qu'ils ont eu une raison particuliére qui contribuë beaucoup à leur faire embrasser la pensée de M. de Marca, & à soûtenir comme luy que Ratramne n'est point l'Auteur du Livre dont il s'agit, mais Jean Scot, ou Jean Erigene. M. Claude leur a remontré dans la dispute fameuse qu'ils ont euë ensemble, qu'ayant une fois fait passer Ratramne pour l'oracle de son Siécle, & pour le grand défenseur de la doctrine Orthodoxe sur le sujet de la Grace, il n'estoit plus honneste à présent de le recuser sur la matiére de l'Eucharistie, ny de le traiter comme un Auteur de nulle importance, que c'estoit s'exposer visiblement au reproche d'injustice & de légereté. Il faloit donc se délivrer à quelque prix que ce fust de l'importunité de ce Livre, & nier absolument qu'il soit de Ratramne. Mais le moyen de le faire avec bien-séance, puis que l'Auteur de la Perpétuité sembloit avoir assez reconnu que Bertram & Ratramne n'estoient qu'une seule & mesme personne, & qu'il estoit le véritable Auteur du Livre dont il s'agit.

Rép. à la Perpet. part. 3. chap. 1.

Part. 3. chap. 5. pag. 346.

Pour sortir de ce mauvais pas, un Religieux de sainte Geneviéve, dont on ne dit pas le nom, se presente tout à propos. Il envoye une Dissertation sur le sujet de Jean Scot & de Bertram, où il forme un troisiéme party entre M. de Marca & l'Auteur de la Perpétuité, savoir que le Livre est de Jean Scot, mais seulement un écrit obscur & embarrassé. M. Arnaud adopte cette Dissertation, & la fait mettre à la fin de son Livre. Ainsi ce n'est proprement ny l'Auteur de la Perpetuité qui se retracte, ny M. Arnaud qui le contredit; mais c'est le Religieux Anonyme qui donne ses conjectures. Par ce moyen tout est racommodé, & l'aveu qu'avoit fait l'Autheur de la Perpétuité n'est desormais tout au plus que l'erreur d'un seul homme.

CHAPITRE II.

Que ce que l'Auteur de la Dissertation a voulu reformer dans l'opinion de M. de Marca ne la rend nullement plus probable.

CE que l'Auteur de la Dissertation a changé dans la conjecture de Monsieur de Marca pour la rendre un peu plus supportable, se reduit à ces trois choses. 1. Il veut que la supposition de ce Livre ait esté faite, non par Jean Scot luy-mesme au 9. Siécle, comme M. de Marca le disoit : mais par Bérenger ou par ceux de son party vers la fin de l'onziéme. 2. Il prétend qu'à l'égard du titre, la supposition n'a pas esté faite sous le nom de Ratramne simplement; mais que ceux qui ont fait le changement ont fait passer ce livre sous le nom de Bertram ou sous celuy de Bertramne, ou sous celuy de Ratram, ou sous celuy d'Intram, ou sous celuy de Ratramne, ou peut-estre sous plusieurs de ces différens noms, mais en différentes copies. 3. Il veut à l'égard du sens du livre que ce ne soit qu'un écrit obscur & embarrassé, au lieu que M. de Marca le reconnoissoit ouvertement hérétique, incapable de bonne explication, & justement condamné.

Mais pour peu qu'on y pense on aura peine à concevoir que la conjecture de M. de Marca devienne plus problable par ces nouvelles corrections. En effet si c'estoit une injustice à M. de Marca d'accuser Jean Scot sans preuve, sans témoins, & sans fondement, & mesme sans aucune apparence d'une fourberie aussi grossiére que celle-là, quel jugement faut-il faire de l'accusation qu'à fait M. Arnaud sous le nom de l'Auteur de la Dissertation, contre Bérenger ou ses Sectateurs? Quels memoires plus certains a-t-il eus depuis pour rejetter cette imposture sur Bérenger, ou sur ses disciples? Qui luy a revelé le mystére de cette supposition qu'il nous debite si historiquement? Où sont les aversaires de Bérenger qui luy ayent reproché cette tromperie, ou à ceux de son party? Où sont les Manuscrits qui aident à la découvrir? Chacun voit qu'il faut un grand fond de confiance pour avancer des accusations de cette conséquence sans aucune preuve. Pour moy je puis accuser les disciples de Paschase avec bien plus d'apparence d'avoir supposé les livres de leur Maistre à des noms un peu plus éclattans que le sien. A mesure que j'écris cecy, j'ay devant les yeux le traité *de la perpétuelle virginité de la Sainte Vierge*, dont enfin on sait que Paschase est l'Auteur. Ce Livre a pourtant passé jusqu'icy pour estre de saint Hildephonse Archevesque de Tolede; & dans un Manuscrit que j'ay il paroist que cette supposition s'est faite à dessein par un Prestre du 10 Siécle nommé Gomezan, qui feint que ce Livre avoit esté apporté d'Espagne par un Evesque nommé Gotiscalc: Et ce bon Prestre a porté la supposition jusqu'à corrompre le Catalogue des ouvrages de saint Hildephonse, en y fourrant ces mots qui se lisent dans l'édition de Miræus, aussi bien que dans le Manuscrit. *Il a écrit .... un petit Livre de la virginité de la sainte Vierge, contre trois infideles.* On sait de mesme que le livre de Paschase sur l'Eucharistie a esté supposé au célebre Raban; comme il paroist par l'édition de Cologne en 1551. & par les Manuscrits dont l'Auteur de la Dissertation dit qu'il en a un entre les mains; quoy qu'il soit certain que Paschase est l'Auteur de ce Liure & que Raban a esté dans un sentiment opposé à celuy de Paschase. Mais que sans des apparences pareilles, & sans aucun fondement, sans preuve, sans témoins, on vienne de sang froid nous dire que Berenger ou ses disciples qui n'ont este convaincus ny accusez de rien de semblable, ont supposé à Bertram le Livre qui avoit esté condamné à Verceil & à Rome, & qui est en effet de Jean Scot, & que six cens ans apres on nous fasse un détail de cette supposition prétenduë, que personne jusqu'à present n'avoit imaginée, c'est vouloir abuser de la crédulité des gens.

Le second changement que l'Auteur de la Dissertation apporte au ſentiment de M. de Marca eſt une pure chicannerie qui n'a aucun fondement, comme je le feray voir dans la ſuite. En effet M. de Marca, tant avant que depuis ſa nouvelle conjecture, a reconnu que Bertram & Ratramne ne ſont qu'une meſme choſe.

Et quant à ce que l'Auteur eſtime en troiſiéme lieu que M. de Marca s'eſt trompé en ce qu'il a ſoûtenu que le Livre de Bertram eſt ouvertement contre la tranſſubſtanciation & la préſence réelle, au lieu qu'il ne doit paſſer que pour un écrit obſcur & embarraſſé, on voit aſſez que c'eſt pour ménager la reputation de l'Auteur de la Perpetuité. En effet s'il n'avoit eu cette conſideration, comment ſe ſeroit-il contenté de traiter ſimplement ce livre d'obſcur & d'embarraſſé, puis qu'il ſuppoſe luy-meſme que c'eſt l'écrit de Jean Scot? Ne ſait-il pas premiérement que le Livre de Jean Scot fut condamné par le Synode de Verceil comme un ouvrage herétique. 2. Qu'il l'avoit eſté auparavant à Paris par une eſpéce de Synode qui en avoit parlé aux meſmes termes. 3. Qu'un autre Concile tenu à Rome le fit brûler ſix ans aprés le Concile de Verceil. 4. Que le livre de Jean Scot a eſté compoſé ſur ce plan, *Que le Sacrement de l'Autel n'eſt pas le veritable Corps ny le veritable Sang du Seigneur, mais ſeulement la memoire de ſon vray Corps & de ſon vray Sang*, comme le diſent Hincmar, & Aſcelin. 5. Que Bérenger a pris l'écrit de Jean Scot pour un témoin autentique de ſa créance, & Lanfranc auſſi pour un averſaire déclaré de Paſchaſe. 6. Qu'au 12. ſiécle l'Anonyme de Cellot témoigne que l'on regardoit encore l'Auteur de ce livre comme un averſaire de Paſchaſe, de meſme que l'on avoit fait au ſiécle précedent. 7. Que ſuppoſé que le livre de Bertram ſoit le livre de Jean Scot, tout ce que je viens de dire luy doit donc eſtre rapporté. 8. Qu'en effet le livre de Bertram a eſté attribué à Oecolampade. 9. Qu'il a eſté proſcrit par je ne'ſay combien d'Indices Expurgatoires. 10. Que les Theologiens de Doüay, & d'autres avec eux, n'en pouvant admettre la doctrine, ont dit qu'il avoit eſté alteré. Enfin que l'Auteur de la Diſſertation veut luy-meſme que Bérenger ou ſes diſciples ayent conſideré ce livre comme un bouclier pour eux, qu'ils devoient conſerver aux dépens meſme des fourberies les plus honteuſes.

Durant Troar. de Corp. & Sang. Chr. part. 9.

De Prædeſt. cap. 31. Epiſt. ad Berenger in Lanfr. oper.

L'Auteur de la Diſſertation oſera-t-il dire que Hincmar a plus compris dans le ſentiment de Jean Scot, que Jean Scot luy-meſme n'en a expliqué, que les Conciles de l'onziéme ſiécle ont temerairement condamné un écrit qui tout au plus n'estoit qu'obscur & embarrassé ? Que le Pape Léon IX. Nicolas II. & les 113. Evesques qui contraignirent Bérenger à brûler le livre de Jean Scot s'y sont trompez, que Bérenger ny ses aversaires, ny ses disciples, n'ont pas compris ce qui faisoit pour eux ou contre eux durant plusieurs années de dispute, & qu'enfin le 12. siécle est demeuré dans un aussi grand aveuglement ? Je ne say comme M. Arnaud ou l'Auteur de la Dissertation osent parler de ce livre comme ils font ; c'est-à-dire qu'il est obscur & embarrassé, en supposant qu'il est de Jean Scot, car ces deux faits sont visiblement incompatibles. J'ay de la peine à croire que si ces Messieurs se satisfont eux mesmes ils puissent satisfaire également les honnestes gens de leur party qui l'auront lû. Mais afin de traiter plus pleinement ce sujet, je me propose d'établir nettement deux choses. 1. Que ce livre du Corps & du Sang du Seigneur publié sous le nom de Bertram, est en effet de Ratramne, & non pas de Jean Scot. 2. Que l'autorité de ce livre ne laisseroit pas d'estre tres-considérable quand Jean Scot en seroit l'Auteur. J'espere rapporter commodément à ces deux chefs, tout ce que l'Auteur a traité de plus important dans sa Dissertation.

CHAPITRE III.

Que Ratramne est l'Auteur du Livre du Corps & du Sang du Seigneur, publié sous le nom de Bertram.

POUR établir cette vérité, premiérement j'apporteray des preuves aussi convaincantes qu'on en peut avoir sur ces sortes de faits. 2. L'aveu des plus savans de la Communion Romaine, qui ont reconnu cette verité depuis mesme que quelques-uns ont voulu la revoquer en doute. Enfin je feray voir & que ce n'est point une découverte qu'Usserius ait faite le premier, & que tout ce que l'Auteur de la Dissertation oppose aux preuves d'Usserius ne peut les détruire. Voicy les preuves.

I. Sigebert Moine de Gemblou, attribuë dans son Catalogue des Ecrivains Ecclesiastiques le livre du Corps & du Sang du Seigneur à l'Auteur du livre de la Prédestination : Or ce livre de la Prédestination est reconnu pour estre de Ratramne. Et en effet encore que Suffridus Petrus qui a fait imprimer le Catalogue de

Sigebert, ait mis le nom de Bertram dans son édition, il remarque luy-mesme, que deux Manuscrits l'un de l'Abbaye de Gemblou, l'autre du Prieuré de Vauvert avoient distinctement le nom de Ratramus & non celuy de Bertram. Ce témoignage de Sigebert est considerable pour trois raisons. 1. parce que ç'a esté un des hommes de son tems le plus curieux pour la recherche de l'histoire, comme il paroist par sa Chronique. 2. Parce qu'il n'a composé son Catalogue qu'aprés avoir passé toute sa vie dans la lecture des Auteurs dont il parle dans son Catalogue. 3. Parce qu'ayant vescu long-tems dans l'onziéme siécle (car il n'est mort que l'an 1113.) il avoit une connoissance particuliere de ce qui s'estoit passé dans les disputes entre Bérenger & ses Aversaires, & des Auteurs qui estoient alléguez de part & d'autre.

Comme Tritheme dans son Catalogue a suivy Sigebert, excepté qu'il a parlé plus particulierement du livre du Corps & du Sang du Seigneur & de la Prédéstination, il est visible qu'encore qu'il ait aussi le nom de Bertram ou de Bertramne, il a voulu désigner Ratramne, d'autant plus qu'il est incontestable; 1. Qu'il n'y a point eu d'Auteur du nom de Bertram au 9. siécle. 2. Que les éloges qu'il donne à Bertram conviennent uniquement à Ratramne, de l'aveu de tous les Savans. 3. Que ce seroit une chose étonnante que Tritheme ny Sigebert ne dissent pas un mot de Ratramne un des plus célébres Auteurs du 9. siécle.

II. Un Auteur anonyme, qui apparemment à écrit depuis Alger, c'est-à-dire vers l'an 1140. attribuë formellement à Ratramne d'avoir écrit un traité du Corps & du Sang du Seigneur contre les sentimens de Paschase Ratbert, & de l'avoir dédié au Roy Charles. Or c'est ce qui convient précisément au livre qui porte le nom de Bertram. Car 1. il decide directement contre la doctrine de Paschase quoy qu'il ne le nomme pas. 2. Il est dédié au Roy Charles. 3. Les argumens que l'Anonyme rapporte comme estans communs à Raban & à Ratramne se trouvent dans le livre publié sous le nom de Bertram.

III. Le style & les hypotheses de ce livre de Bertram sont tout à fait les mesmes que celles des autres écrits de Ratramne comme je le feray voir. Mais avant que d'en venir là voicy une autre preuve qui seule suffiroit pour vuider nostre question.

IV. Il y a des Manuscrits du livre du Corps & du Sang du Seigneur,

gneur, qui portent le nom mesme de Ratramne. 1. Ceux qui en 1532. firent imprimer ce livre à Cologne marquent expressément qu'ils avoient préféré le nom de Bertram à quelqu'autre nom du mesme Auteur qui leur paroissoit moins connu. *Que le Lecteur sache*, disent-ils, *qu'encore que le nom de cét Auteur se trouve ailleurs exprimé d'une autre façon, néanmoins ce nom* (savoir de Bertram) *estant le plus commun & le plus familier il doit estre préféré à l'autre.* Cét autre nom ne peut estre que celuy de *Ratramne*, qui ne leur paroissoit moins connu que celuy de *Bertram*, que parce qu'en 1531. c'est-à-dire un an avant l'édition du livre du Corps & du Sang du Seigneur, le Catalogue des Ecrivains Ecclésiastiques de Trітheme avoit esté publié à Cologne mesme, & qu'il y estoit parlé de cét Auteur sous le nom de *Bertram*, & non sous celuy de *Ratramne*. 2. Les Theologiens de Doüay ont eu apparemment quelques Manuscrits du livre du Corps & du Sang du Seigneur sous le nom de *Ratramne*, sans quoy ils n'auroient pû dire de Bertram ce qu'ils en ont dit. 3. Le Cardinal du Perron atteste qu'il avoit vû chez M. le Févre Precepteur de feu M. le Prince un ancien Manuscrit du livre du Corps & du Sang du Seigneur sous le nom de *Ratranne*.

In indic. Belg. voce Bertramus.

Lib. 2. de Euch. Aut. 39. p. 666.

Ces preuves sont convaincantes pour des esprits raisonnables; la seule chose qui a fait naistre quelque doute, c'est le nom de *Bertram*, que quelques Copistes & ceux qui l'ont fait imprimer sur ces copies ont mis au lieu du véritable nom qui estoit *Ratramne*; mais cela n'est d'aucune considération. Car I. Il est constant que le livre de Bertram a esté écrit au 9. siécle, & qu'au 9. siécle il n'y a point eu d'Auteur nommé Bertram: de sorte qu'il faut nécessairement que ce nom soit un nom corrompu par l'ignorance des copistes. Il est donc tout naturel d'attribuer ce livre à celuy des Auteurs de ce siécle-là de qui le nom approche plus de celuy de Bertram. Or il est certain qu'il n'y en a point qui en approche davantage que celuy de Ratramne. Theophile Raynaud Jesuite a reconnu cette verité. *Qu'il a esté aisé*, dit-il, *de confondre Bertram & Ratramne dans une si grande affinité & dans une si grande ressemblance de noms.* On peut proposer deux causes de cette confusion qui sont fort probables. 1. c'étoit la coûtume de donner le nom de *Beatus* aux hommes illustres de l'Eglise au lieu de *Sanctus* qu'on leur a depuis affecté, de quoy il y a mille exemples dans les Manuscrits, & dans les livres imprimez. Il est donc tres-vray-

Erotem. pag. 132. & 133.

semblable que quelques copistes trouvant dans les Manuscrits au titre de ce livre *B. Ratrami*, ou *Be. Ratrami* ce qui signifie *Beati Ratramni*, ils ont imprudemment joint toutes ces lettres, & en ont composé un seul nom. C'est ainsi à-peu-pres que dans l'édition d'Alde, au lieu de lire *P. Cornutus* qui signifie *Publius Cornutus*, ils ont joint les lettres du Manuscrit qui devoient estre separées, d'où ils ont fait le nom barbare de *Phornutus*. 2. Il est vraysemblable que la conformité de la lettre *B* avec la lettre *R*, qui dans les vieilles impressions & dans les Manuscrits, ne different presque pas d'un seul trait, peut avoir donné lieu à cét erreur. La conformité des lettres capitales a produit de pareils changemens, l'Auteur de la Dissertation nous dit luy-mesme que dans deux Manuscrits de l'Abbaye de S. Victor, les copistes ont écrit *Babanus*, au lieu de *Rabanus*. Et c'est ainsi qu'on lit dans quelques Manuscrits de Haimon d'Alberstat, *Raymo* pour dire *Haymo*.

Sic in edit. Thom. Vvaldensis An. 1521. Paris.

Labbe de script. p. 205. T. 2.

II. Il est certain qu'à regarder le livre en luy-mesme, il n'y a aucun des Auteurs du 9. siécle à qui l'on puisse donner ce livre qu'à Ratramne. Ce livre suppose dans sa Préface qu'il s'étoit formé une division considérable entre les sujets de Carles le Chauve sur la matiére de l'Eucharistie, & que ce Prince selon sa pieté cherchant les moyens de ramener à la pureté de la foy ceux qui l'avoient alterée, avoit engagé l'Auteur du livre du Corps & du Sang du Seigneur à luy dire sa pensée sur cette matiére. Or ce temps là est justement celuy auquel vivoit Ratramne; & l'estime que Charles le Chauve témoigne pour cét Auteur est précisément la mesme qu'il temoigna pour Ratramne dans une rencontre tout-à-fait semblable. Car ses sujets estant partagez sur la matiére de la Grace & de la Prédéstination, il consulta Ratramne sur ce différent, & montra qu'il faisoit un cas singulier de ses lumiéres & de ses avis sur les questions de Théologie.

Toutes ces raisons prises ensemble prouvent si fortement que le livre du Corps & du Sang du Seigneur est de Ratramne, que ceux qui ne les ont pas envisagées toutes, n'ont pas laissé de ceder à l'évidence de celles qui leur estoient connuës. On peut dire d'ailleurs, que si elles n'ont pas esté expliquées, elles ont au moins esté reconnuës avant Usserius par les Théologiens de Doüay, soit qu'ils eussent vû des Manuscrits du livre du Corps & du Sang du Seigneur, qui portassent le nom de Ratramne, comme il-y-a bien de l'apparence, soit qu'ils ayent jugé comme Raynaud, que cette corruption du nom de Bertram n'empeschoit pas que Ratramne n'en dûst estre reconnu l'Auteur. En effet, d'où auroient-ils deviné ces trois choses. 1. Que Bertram estoit Moine de Corbie aussi-bien que Prestre, Tritheme & Sigebert ne l'ayant point dit, & le titre du livre ayant *Presbyteri*, & non pas *Monachi*. 2. Que ce n'estoit pas à Charle-Magne que ce livre estoit dedié, mais à Charles le Chauve, quoy que l'édition portast *Ad Carolum Magnum*. 3. Que l'Auteur estoit Catholique. N'est-ce pas là comme l'on parle quand on reconnoist de bonne foy que Bertram n'est autre que Ratramne, Auteur à qui ces trois choses conviennent, si l'on joint le titre du livre avec ce que disent les Auteurs qui ont parlé de ce Religieux. C'est là le jugement des Théologiens de Doüay qu'Usserius n'a fait que suivre.

Aprés les Théologiens de Doüay & Usserius, qui expliqua cette verité plus distinctement, M. de Marca fut un des premiers qui y donna les mains, comme il paroist par son traité François de l'Eucharistie composé avant l'an 1640. & publié en 1668. par M. l'Abbé Faget son cousin. Théophile Raynaud Jesuite suivit aussi [Erotem. p. 132.] depuis le mesme sentiment dans son traité des bons & des mauvais livres. M. Mauguin l'embrassa de mesme dans ses célébres [Differt. hist. p. 134.] défenses de la Grace, en quoy il a esté suivy de mesme par M. Herman Chanoine de Beauvais, sous le titre de HIERONYMUS [Epist. 3. §. XXIII. & seq.] AB ANGELO FORTI. Le Jesuite Cellot est d'accord sur ce point avec M. Herman & M. Mauguin, quoy qu'il combatte d'ailleurs [App. ad. hist Goth, p. 569. col. 2] ce dernier sur beaucoup de choses. D. Luc d'Achery & M. de Sainte Beuve, ont également témoigné qu'ils estoient dans le mesme sentiment, l'un dans sa Préface sur le 1. Tome du Spicilege, l'autre dans ses Leçons manuscrites de l'Eucharistie.

Il est vray que depuis qu'on a vû la nouvelle conjecture de M. de Marca, savoir que Jean Scot est l'Auteur du livre du Corps & du Sang du Seigneur, & non pas Ratramne, D. Luc semble [Præfat. in T. 2. Spicil.] s'estre laissé aller à cette nouveauté, comme ont fait depuis luy l'Auteur de la Perpétuité de la Foy qui en parle d'une façon dou- [Part. 3. c. 5.] teuse, & l'Auteur de la Dissertation que j'examine. Mais peu aprés le savant Jesuite Labbe réjetta cette conjecture de M. de [T. 1. de script. Eccl. p. 53. & T. 2. p 706.] Marca aussi honestement qu'il se pouvoit dans un livre qu'il dédioit à M. de Marca mesme. Car dans ce livre il prend indifferemment Bertram & Ratramne pour un mesme Auteur. M. Pavillon [Triomph. de l'Euch. p. 18. 63.] reconnoist aussi ingenuëment dans son livre contre M. Daillé que

66. 68. 94. 95. 96. 97. Pref. de I. C. au Sacrem. lib. 5. cap. 2. p. 264.

Ratramne & Bertram ne sont qu'une mesme personne, citans toûjours Ratramne du Corps & du Sang du Seigneur. Le célébre Jesuite Noët dans son Livre contre M. Claude a eu en cela la mesme sincérité que M. Pavillon, & M. Arbussi les a suivis dans sa Declaration.

Quoy qu'il en soit, aprés les raisons que j'ay rapportées, je croy pouvoir soûtenir avec tous ces Savans de l'Eglise Romaine que Bertram & Ratramne ne sont qu'un seul & mesme Auteur. Il ne me reste donc qu'à refuter en peu de mots ce que l'Auteur de la Dissertation oppose de plus considerable à quelques-unes de ces raisons.

Artic. 2. de la Differt. sur Jean Scot.

A l'une de ces raisons qui porte que le Religieux de Corbie estant nommé Ratramne, & l'Anonyme de Cellot disant que Ratramne a écrit un livre du Corps & du Sang du Seigneur, le livre du Corps & du Sang du Seigneur, connu sous le nom de Bertram, est donc de Ratramne; à cette raison, dis-je, l'Auteur répond, qu'encore que Cellot ait fait imprimer le nom de *Ratramnus* dans les deux lieux de l'Anonyme où il est parlé des Aversaires de Paschase, il ne se trouve pas pourtant ainsi dans deux Manuscrits de l'Abbaye de S. Victor; mais qu'au premier lieu il-y-a *Intramus*, & au second *Ratramnus*, Cellot ayant fait imprimer le nom de *Ratramnus* dans ces deux endroits contre la foy des Manuscrits.

Mais cette réponce n'a rien de solide 1. Cellot a fait imprimer l'Anonyme sur la copie du P. Sirmond qui l'avoit tiré d'un Manuscrit de Corbie, & non sur les Manuscrits de l'Abbaye de S. Victor. 2. Ces deux Manuscrits qui sont visiblement fautifs, ne sont pas si considerables que les Manuscrits de l'Anonyme, dont Usserius & d'autres ont parlé, lesquels ont constamment le nom de *Ratramnus*, ny que le Manuscrit du livre du Corps & du Sang du Seigneur qui porte le nom de Ratramne; ny que les Manuscrits du Catalogue de Sigebert dont nous avons parlé. L'*Intram* des Manuscrits de l'Abbaye de S. Victor, est une faute de copiste qui a défiguré le nom de *Ratramne*, comme son *Babanus* est le fameux *Raban*.

De Successf. Eccles. p. 39. c. 2. DuPerron, liv. 2. Auth. 39. pag. 666.

De Success. Eccl. c. 2.

A une autre raison tirée de Sigebert, qui fait l'Auteur du livre *de la Prédéstination*, savoir Ratramne Auteur du livre du Corps & du Sang du Seigneur; & de qui en effet deux Manuscrits representent le nom de *Ratramus*, au lieu de *Bertramus*; à cette raison, dis-je, l'Auteur répond 1. Que l'ouvrage de Bertram *de la Prédestination* est different de celuy de Ratramne, parce que selon Tritheme l'ouvrage de Bertram ne contenoit qu'un livre, & n'estoit pas dédié à Charles le Chauve, au lieu que celuy de Ratram est dédié à Charles le Chauve, & contient deux livres. 2 Que toutes les éditions de Sigebert ayant constamment le nom de *Bertram*, l'on peut croire qu'une faute s'est glissée dans les Manuscrits de Gemblou & de Vauvert, où l'on trouve le nom de *Ratramne*.

Mais ces deux réponses ne satisfont pas. A l'égard de la premiére, Tritheme, aussi bien que Sigebert, dit positivement en deux endroits que le livre de Bertram *de la Prédéstination* est dedié à Charles le Chauve, & il le dit si fortement qu'il n'y a point de chicane qui puisse éluder la force de son témoignage. 2. Ou l'Auteur suppose que Tritheme a vû un traité *de la Prédéstination* sous le nom de Bertram qui ne contenoit qu'un livre, ou il veut qu'il ne l'ait pas vû, comme il croit que Tritheme n'a pas vû le livre du Corps & du Sang du Seigneur; si Tritheme a vû ce traité de la Predestination qu'est-il devenu depuis Tritheme, d'où vient que personne n'en a jamais rien oüy dire que l'Auteur? Si Tritheme ne l'a pas vû, pourquoy l'Auteur veut-il ajoûter foy au témoignage de Tritheme, lors qu'il s'agit de ce livre de la Predestination, luy qui ne veut pas qu'on croye ce qu'il dit du livre du Corps & du Sang du Seigneur? 3. L'Auteur abuse du lieu de Tritheme, Tritheme a suivi Sigebert, & par *librum* semble avoir entendu *Opus* un ouvrage, sans avoir égard au nombre des parties dont il est composé; si ce n'est qu'on veüille qu'il soit échappé un nombre à l'Imprimeur, & qu'au lieu de ces mots *de Prædestinatione.* I. Il faille lire *de Prædestinatione.* II. ce qui est fort possible, & de quoy il y a cent exemples dans le Catalogue de Tritheme dont il s'agit.

La seconde Réponse de l'Auteur est un peu plus méchante que la premiére. Je ne connois que deux éditions de Sigebert, celle de Suffridus Pétrus, & celle de Miræus, qui à mon avis a esté faite sur celle de Suffridus. Or, autant qu'on en peut juger, les Manuscrits de Gemblou & de Vauvert doivent estre préferez à ces éditions, parce que le Manuscrit de Gemblou peut estre l'autographe de Sigebert qui a écrit & est mort à Gemblou. On sait combien l'édition de la Chronique de Sigebert par Miræus sur un Manuscrit de Gemblou différe des autres Editions faites sur

Voy Labbe De script. Eccles. in Sigiber.

des Manuscrits qui avoient esté altérez. Mais supposé que ce ne soit pas l'autographe de Sigebert, il est certain que les Moines d'une Abbaye connoissent mieux l'écriture des Copistes qui les ont précedez dans le mesme lieu. Il y a donc apparence que ce Manuscrit aura esté plus correct que ceux qui se trouvent ailleurs. Ce Manuscrit de Gemblou est d'ailleurs soûtenu par le Manuscrit du Prieuré de Vauvert, & enfin il est soûtenu par les Manuscrits du livre du Corps & du Sang du Seigneur, qui portent le nom de Ratramne comme je l'ay représenté.

L'Auteur ne se défait pas mieux d'une autre raison que l'on peut tirer de ce que dans le livre *de la naissance de Christ*, Ratramne défend la mesme doctrine qui est enseignée dans le livre du Corps & du Sang du Seigneur. Il nous dit qu'Usserius est celuy qui a fait ce jugement sur le livre de la naissance de Christ; mais que ce Traitté estant à present public cette conjecture d'Usserius ne peut servir qu'à découvrir la mauvaise foy de ce Protestant, parce qu'il ne se rencontre pas un seul mot du mystére de l'Eucharistie dans le livre de la naissance de Jesus-Christ. Il y joint d'autres choses qui ne font rien à nostre sujet, & que je ne réfute pas comme je le pourrois, pour ne détourner pas l'esprit du Lecteur.

Mais il a tort d'accuser Usserius, & il ne se peut rien de plus éloigné du soupçon de fraude que son témoignage. Ce qu'il dit de ce livre *de nativitate Christi* est compris dans une parenthese, & il n'y a ny affectation, ny chaleur en le produisant. Il paroist que c'est une nouvelle découverte qu'il avoit faite depuis qu'il avoit composé son traité *de la succession & de l'état des Eglises Chrétiennes*, où cette remarque eust esté dans son lieu. Quand il a fait cette remarque sur le livre *de la naissance de Iesus-Christ*, il traitoit un tout autre sujet, savoir l'histoire de Gothescalc. Les Manuscrits qu'il cite n'étoient pas entre les mains, de luy seul, & il ne les a pas supprimez: Il marque avec soin les lieux où ils estoient, & où l'on pouvoit aisément les trouver.

Oüy, dit-on, *mais aprés tout tant s'en faut que l'on lise la doctrine de Bertram dans le livre de la naissance de Christ, il ne s'y rencontre pas un seul mot du mystére de l'Eucharistie.* Hé bien qu'il n'y ait pas un mot du mystere de l'Eucharistie, est-ce à dire qu'Usserius est un faussaire qui ne merite point de creance? Usserius dit simplement que la mesme doctrine se trouve dans le livre *de la naissance de Iesus-Christ*, & dans celuy *du Corps & du Sang du Seigneur* Il ne fait pas une particuliére mention de l'Eucharistie. Mais s'il y a eu égard il ne faut que jetter les yeux sur quelques lieux de ce livre, *de la naissance de Iesus Christ* pour justifier son jugement. On sait que le livre *du Corps & du Saug du Seigneur*, combattant la presence substancielle du Corps de Jesus-Christ dans l'Eucharistie, rejette aussi comme une chose absurde l'opinion qui pose que le corps de Jesus-Christ peut estre en plusieurs lieux tout à la fois, & le livre *de la naissance de Iesus-Christ* pose distinctement que le Corps de J.C. est tellement determiné par sa nature à estre dans un lieu qu'il est impossible qu'il soit en deux lieux tout à la fois, bien que Jesus-Christ soit en tous lieux à l'égard de sa Divinité. C'est ainsi qu'il combat les suites naturelles de l'opinion de Paschase, ce qui suffit assurément pour justifier Usserius s'il y a eu égard.

T. 1. Spicil. p. 323. & 324. c. 3.

Quand à la raison que nous tirons de la conformité qui est entre le livre du Corps & du Sang du Seigneur & les ouvrages de Ratramne, l'Auteur répond que cette conjecture a pû avoir quelque force lors que la question estoit si le livre du Corps & du Sang du Seigneur a esté composé par Ratramne ou par Oecolampade; mais qu'aujourd'huy que l'on doute si c'est l'ouvrage de Ratramne ou d'un autre Auteur du mesme siécle elle est devenuë inutile, la pluspart des Auteurs du neuviéme siécle finissant ou commençeant leurs livres par des reconnoissances de leur incapacité, pareilles à celles qui se trouvent dans les écrits certains de Ratramne & dans celuy de Bertram, de quoy il allégue quelques exemples tirez de deux traitez de Jean Scot.

Mais il élude foiblement cette raison. Elle est prise de tout le stile & de tout le genie du livre du Corps & du Sang du Seigneur, comparé avec le style & le génie des ouvrages de Ratramne, & non de quelques périodes qui se trouveroient conformes dans ces écrits; Cellot & M. Claude l'avoient ainsi conceuë. Et certes les inscriptions des livres sont pareilles, le livre de la Predestination est adressé *Domino Glorioso præcellentissimo Principi Carolo Ratramnus*, & celuy du Corps & du Sang du Seigneur commence *Gloriose Princeps*, au lieu que Jean Scot appellé Charles *Seniorem*. Il est traité du tître de *Magnificence* dans le livre de la Predestination de Ratramne, & dans celuy du Corps & du Sang du Segneur, de mesme. Ratramne estant engagé par les ordres du Roy à écrire de la Predestination, il fait paroistre aussi beaucoup de

T. 1. Mauguin p. 29. Microp. p. 512. T. 1. Maug. p. 109.

modestie en obeïssant : elle paroist aussi dans le livre du Corps & du Sang du Seigneur. Ratramne louë la pieté du Roy qui s'enquiert de la Religion, il se soûmet à ses censures : tout cela se voit dans le livre du Corps & Sang du Seigneur. Ratramne suit les Saints Peres avec tant d'attachement, que dans le premier livre de la Predestination il fait comme un tissu de lieux des Anciens, de saint Augustin, de saint Prosper, de Salvien, de saint Gregoire, sur lesquels il fait des réflexions. C'est ainsi qu'il en use dans le second, où il ne cite que des Auteurs Orthodoxes ; & c'est la mesme methode dans la seconde partie du livre du Corps & du Sang. Il n'y a rien de si reglé que la méthode de Ratramne dans les livres de la Predestination, il va aux fondemens, & divise tout son sujet en deux questions : on voit la mesme regularité dans le livre du Corps & du Sang du Seigneur ; les recapitulations sont à peu prés les mesmes. On y voit la mesme modestie à ne nommer pas ceux contre qui il écrit, en conservant la qualité glorieuse d'arbitre consulté par Charles le Chauve : on voit la mesme chose dans le livre du Corps & du Sang du Seigneur.

T. I. Maug. pag. 30. Microp. p. 513. & 514. T. I. Maug. page 61. T. I. Maug. pag. 13.

On pourroit establir la mesme vérité en faisant comparaison du traité du Corps & Sang du Seigneur avec les autres ouvrages de Ratramne, si l'on croyoit qu'il fust encore necessaire de s'en donner la peine. Mais je croy que cela suffit pour persuader ceux qui examinent un peu les choses.

Il est vray que l'Auteur produit une raison pour montrer que Ratramne n'est point l'Auteur du livre du Corps & du Sang du Seigneur. Il la tire du silence de Hincmar. *Ce silence*, dit-il, *decouvre si évidemment l'injustice que l'on a faite à Ratramne de luy attribuer le livre de Bertram, que quand on n'auroit point d'autres preuves pour le justifier, celle-cy ne seroit que trop suffisante pour lever tous les soupçons que l'on a eus depuis quelques années de l'intégrité de sa foy*. Il n'y a point d'apparence, si nous en croyons l'Auteur, que Hincmar qui d'un costé estoit animé contre Ratramne, & qui écrivit contre luy un grand ouvrage sur la Predestination, & sur cette expression *Trina Deïtas*, & qui de l'autre condamnoit comme une erreur & une nouveauté contraire à la foy l'opinion de Jean Scot, qui disoit que l'Eucharistie n'estoit par le vray Corps du Seigneur ; mais seulement sa figure & son mémorial, n'eust point fait de reproche sur ce sujet à Ratramne, s'il l'eust crû Auteur de ce livre qui paroist sour le nom de Bertram, puis que ce livre donnoit assez de sujet

à un

à un ennemy passionné comme estoit Hincmar de luy attribuer cette hérésie.

Mais cette réflexion est assez legere. 1. D'un mot que Hincmar a jetté contre Jean Scot en faveur de Paschase, on ne doit pas conclurre que Hincmar fust en pouvoir d'écrire contre Ratramne, & de l'entreprendte comme un hérétique. 2. Je ne voy pas pourquoy Hincmar se fust si fort emporté contre Ratramne qui parloit sans chaleur, & sans nommer personne de ceux contre qui il écrivoit. Si Hincmar s'est emporté contre Ratramne sur un autre matiére, il ne s'ensuit pas qu'il deust toûjours estre dans les mesmes emportemens sur toutes sortes de sujets qu'il auroit eus à démesler avec ce Religieux. 3. L'Auteur suppose sans sujet que Hincmar estoit en estat d'insulter à Ratramne sur la question de l'Eucharistie, comme il a fait sur celle de la Grace & de la Prédestination, & il-y-a bien de la différence ; Quand Hincmar s'est si fort emporté contre Ratramne, c'est parce qu'il avoit de son costé le Concile de Cressy, c'est parce que Jean Scot s'estoit déclaré pour luy contre Gothescalc & Ratramne ; c'est parce que le célebre Raban avoit préjugé en sa faveur dans un Concile tenu à Mayence en 848. mais il n'y avoit rien de pareil sur la question de l'Eucharistie. Jean Scot s'estoit declaré contre les sentimens de Paschase ; le Roy le savoit & le retenoit dans son Palais, ce qui estoit un assez fort préjugé contre Hincmar. Le célebre Raban consulté par Heribold Evesque d'Auxerre & Archichapelain, c'est-à-dire grand Aumosnier, avoit clairement pris party contre les sentimens du mesme Paschase : & la savante Eglise de Lion qui avoit tourmenté Jean Scot, tandis qu'il combattoit pour les sentimens de Hincmar sur la matiére de la Prédestination, le laissoit en repos quand il combattoit les sentimens de Paschase sur la doctrine de l'Eucharistie.

Maug. Disser. hist. p. 141.

Epist. ad Heribold. c. 33.

4. L'Auteur suppose avec la mesme témérité que Hincmar a crû cette Controverse aussi importante qu'elle est aujourd'huy, ce qui est contre toute sorte d'apparence. Car 1. Hincmar se contente de critiquer le sentiment de Jean Scot en des termes fort doux : il ne l'appelle point *hérésie* mais *nouveauré de mots*, au lieu que Raban & Hincmar traittoient d'Hérésie & de Secte l'opinion de Gothescalc sur la Grace. 2. Si l'on vient à comparer ce que Hincmar dit contre Ratramne sur le *Trina Deïtas*, ne

Voy Dissert. Hist. Maug. pag. 357. & 358. Epist. ad Heribold c. 33. T. 1. Maug. pag. 21. T. 2. de Sacram. c. 61.

trouvera-t-on pas que ce qu'il dit contre Jean Scot n'a rien de si déchirant ? 3. Hincmar estoit amy de Raban qui avoit écrit une lettre à Egilon Abbé de Prom, & depuis Archevesque de Sens contre la doctrine de Paschase : il estoit amy de ce Raban qui l'avoit combattuë dans sa réponse à Héribold publiée par Stevvart. 4. Hincmar parle toûjours à d'Heribold avec honneur, & mesme aprés sa mort, encore que Heribold fust si peu dans les sentimens de Paschase que dans les derniers siécles, on a donné le nom d'Heribaldiens aux disciples de Bérenger, comme nous l'apprenons des écrits de Thomas Vvaldensis.

5. Si ce silence de Hincmar prouve que Ratramne n'a point écrit le livre du Corps & du Sang du Seigneur, parce que Hincmar le luy auroit reproché, quel jugement faut-il que nous fassions de ce que l'Auteur veut que Jean Scot ait écrit ce livre de Bertram, sans que l'Eglise de Lion qui écrit si chaudement contre luy le luy ait reproché ? Pourquoy Prudence ne l'auroit-il pas fait non plus dans son Traité contre Hincmar & Pardule ? N'estoit-ce pas le vray moyen de décrier ces deux Evesques, que de leur reprocher qu'ils employoient la plume d'un ennemy public de la présence réelle & de la Transsubstanciation ? Pourquoy Nicolas I. souffroit-il cette hérésie naissante dans le sein de Charles le Chauve, sans en avertir ce Prince ? Ce Nicolas qui prenoit tant de part aux affaires de deça les Monts, & qui ne cherchoit que des sujets pour en attirer la connoissance à luy ? Quoy Nicolas I. se sera remué sur l'affaire de Rothadus de Soissons, sur celle de Hincmar de Laon, où il ne s'agissoit que de la discipline, & il sera demeuré immobile sur celle de Jean Scot, si Jean Scot erroit sur l'Eucharistie ! Il aura pris connoissance de l'affaire d'Ebbon de Reims, & de ceux qu'il avoit ordonnez, & il n'aura pris aucune connoissance d'une question agitée à la Cour de Charles le Chauve, en laquelle ce Prince luy-mesme s'intéressoit ? Il aura seu que Raban avoit combattu la présence réelle par des écrits publics, que celuy à qui Raban avoit écrit estoit devenu Archevesque de Sens, qu'un Archichapelain avoit erré sur cette matiére, tout cela sans s'en remuer ! La faute que l'Auteur commet dans cette réflexion sur le silence de Hincmar, vient de ce qu'il ne prend pas garde à deux choses, l'une est qu'il ne faut pas toûjours prendre pied sur ce que les gens proposent leurs sentimens en des termes avantageux, & parlent de

l'opinion de leurs averſaires avec mépris & en la rabaiſſant. C'eſt particuliérement le ſtyle de Hincmar ſur toutes les matiéres dont il écrit, comme il a eſté déja remarqué par Meſſieurs Mauguin & de la Mothe qui ne peuvent eſtre inconnus à l'Auteur : Par exemple il traite preſque toûjours Gotheſcalc d'hérétique, quoy que l'on croye à Port Royal que Gotheſcalc ne défendoit que la doctrine de ſaint Auguſtin ſur la matiére de la Grace.

Differt. hiſt. p. 357. & 358. Apol. pour les SS. Peres. P. 5. p. 297.

L'autre eſt que l'Auteur a conçu que la Cenſure de Hincmar contre Jean Scot, emporte que Hincmar croyoit la préſence réelle avec ſes ſuites, comme l'Adoration, le Sacrifice &c. ce qui luy a fait juger que Hincmar devoit regarder l'opinion de Jean Scot comme une héréſie déteſtable. Or il eſt certain que les ſuites de la préſence réelle ont eſté alors inconnuës à toute la terre, & n'ont eſté receuës dans l'Egliſe Latine que quelques ſiécles apres Hincmar. Mais cette derniére remarque regarde le fond de la queſtion que je n'ay pas reſolu de traiter.

CHAPITRE IV.

Réfutation de ce que l'Auteur de la Diſſertation met en avant pour perſuader que le livre du Corps & du Sang du Seigneur, publié ſous le nom de Bertram, eſt de Iean Scot.

COmme juſqu'icy j'ay étably aſſez fortement que le livre du Corps & du Sang du Seigneur eſt de Ratramne, je pourrois laiſſer là tout ce que l'Auteur de la Diſſertation allegue pour fortifier la conjecture de feu M. de Marca. Et véritablement puis qu'avant M. de Marca aucun homme de lettres ny aucun des ennemis de Bérenger, ſoit dans l'onziéme ſiécle, ſoit dans les ſuivans n'avoit fait cette découverte, puis que l'Auteur de la Perpétuité de la foy n'avoit meſme d'abord ſuivi la penſée de M. de Marca qu'avec défiance, pour la pouvoir abandonner ſi on l'y contraignoit, il ſemble que je ſerois en droit de mépriſer tout ce que l'Auteur allégue pour faire croire que le livre de Bertram eſt le livre de Jean Scot ſous un tître étranger. Néanmoins je veux bien encore montrer que les preuves qu'il produit n'ont aucune ſolidité.

Art. 3. de la Differt. fur Jean Scot.

Ces preuves font 1. Que le livre de Bertram eft entiérement conforme à ce qu'on lit dans les anciens de celuy de Jean Scot. 2. Que le propre caractére de Jean Scot s'y rencontre. Mais au fond il n'établit ny l'une ny l'autre.

Ibid. §. 1.

Pour la premiére, l'Auteur rapporte un paffage d'Afcelin dans une lettre à Bérenger, d'où il croit que l'on peut recueillir, que l'ouvrage de Jean Scot ne contenoit qu'un feul livre & affez petit; que l'on ne pouvoit pas appercevoir tout d'un coup dans le livre de Jean Scot quelle avoit efté fa penfée fur le myftére de l'Euchariftie; que malgré les diffimulations de Jean Scot, Afcelin y avoit pourtant reconnu que fon but eftoit de perfuader à fes Lecteurs que ce qui eft confacré fur les Autels n'eft pas vrayement le Corps & le Sang du Seigneur; que pour venir à bout de fon deffein Jean Scot employoit divers paffages des SS. Peres, & qu'à la fin de chaque paffage il y ajoûtoit quelque glofe pour en détourner le fens à fon but; qu'entr'autres Jean Scot rapportoit tout au long une Oraifon de faint Gregoire qui commençoit par ces mots *Perficiant in nobis*, & qu'apres s'eftre joüé de quelques lieux de faint Ambroife, de faint Jérôme, & de faint Auguftin, dont il fe fervoit principalement, ainfi que l'infinuë Bérenger, il formoit fa conclufion en ces termes, *fpecie geruntur ifta non veritate.* Autant de chofes que l'Auteur penfe qui conviennent au livre de Bertram;

Mais ces confidérations que l'Auteur prétend que l'on peut auffi faire fur le livre de Bertram font ou inutiles à fon deffein, ou bien n'ont aucun fondement. 1. Rien n'empéche que deux Ouvrages fur la matiére de l'Euchariftie n'ayent efté affez courts pour eftre également traitez comme de petits livres. 2. J'ay fait voir que l'Auteur fe trompe, quand il traite le livre de Bertram d'obfcur & d'embarraffé. Afcelin mefme traite Jean Scot d'hérétique fans difficulté à caufe de fon fentiment fur l'Euchariftie, & l'Auteur n'a pas bien compris le texte d'Afcelin. 3. Deux Auteurs qui ont un mefme fentiment doivent avoir auffi un mefme but. S'ils ont le fens commun, ils doivent former les mefmes réflexions en fubftance fur les lieux des SS. Peres qu'ils veulent faire fervir à leur but; Ces deux caractéres font donc généraux & trop vagues. Et pour les deux derniéres confidérations. 1. Qui doute que deux Auteurs dont apparemment l'un a lû le livre de l'autre, comme Ratramne peut avoir lû celuy de Jean Scot, ne puissent produire les mesmes témoins? Ratramne & Raban l'ont fait comme nous l'apprend l'Anonyme de Cellot. 2. Il n'est pas vray que Bérenger ait insinué que Jean Scot citoit principalement S. Ambroise, S. Jérôme & S. Augustin. Bérenger dit qu'on ne sauroit traiter Jean Scot d'hérétique, sans faire partager cette honte à ces saints Peres & à plusieurs autres. Mais il ne dit point que Jean Scot citast particuliérement ces trois saints Docteurs, & quand il l'auroit dit ce caractére seroit trop général, n'y ayant presque eu aucun des Auteurs du 9. siécle qui n'ait affecté de suivre principalement ces trois saints Docteurs. 3. L'Auteur ne devoit pas proposer comme un caractére d'identité, ce que Bertram a tiré la mesme conclusion de l'Oraison *Perficiant in nobis*, que Jean Scot en-a-tirée: Car cette conclusion, *specie geruntur ista non veritate*, n'est proprement ny de Bertram ny de Jean Scot, mais le texte mesme de l'Oraison qui porte, *Vt quæ nunc specie gerimus, veritate capiamus*; Or il est visible qu'ils estoient également obligez de conserver ces termes dans leur conclusion, & qu'ils ne le pourroient faire l'un & l'autre d'une façon plus naturelle qu'en la formant ainsi, *specie geruntur ista non veritate.* On doit aussi remarquer, & qu'au rapport d'Ascelin Jean Scot citoit cette Oraison sous le nom de saint Gregoire, au lieu que Bertram la cite du service ordinaire de l'Eglise, & que quelque grande conformité qu'il y ait entre la conclusion de ces Auteurs à l'égard du sens & des paroles, elle n'est pas si grande à l'égard de la construction, Bertram ayant ces mots, *in specie geruntur ista non in veritate*, & Jean Scot ceux-cy, *specie geruntur ista non veritate*, ce qui sert à faire voir que ce sont deux différens Auteurs.

Le second témoin que l'Auteur produit c'est Bérenger, qui nous apprend que le livre de Jean Scot a esté composé à la priére d'un Roy de France; & que ce Roy estoit Charles-Magne. L'Auteur prétend que ces deux particularitez se rencontrent dans le livre de Bertram, lequel est dédié à Charles-Magne, & a esté écrit par son ordre.

Mais ces conformitez ne concluent rien; non la premiére, parce qu'il est fort possible que Charles le Chauve ait en mesme temps obligé deux savans hommes à écrire sur le mesme sujet; l'un qui demeuroit dans son Palais, savoir Iean Scot, & l'autre de qui le nom estoit si illustre dans son Royaume, qu'il l'avoit déja obligé à écrire ſur les queſtions de la Prédeſtination, ſavoir Ratramne. Ce caractére eſt trop général. Non la ſeconde, car il ne ſemble pas que le livre du Corps & du Sang du Seigneur, ny celuy de Jean Scot de l'Euchariſtie ayent eſté inſcrits, *Ad Carolum Magnum Imperatorem*; mais ſimplement *Ad Carolum Regem*, C'eſt-ce que l'on peut recueillir de Sigebert, de l'Abbé Trithéme, de Jean Eveſque de Rocheſter, & des Cenſeurs de Doüay à l'égard du livre de Bertram dont ils placent l'Auteur, ſous le temps de Lothaire & de Charles le Chauve, encore que le livre de Bertram n'ait aucun caractére de tems, au lieu que ſans doute ils l'auroient mis ſous le regne de Charle-Magne, ſi les Manuſcrits euſſent eu pour titre, *Ad Carolum Magnum Imperatorem*. Et pour celuy de Jean Scot, il eſt à croire qu'ayant eſté écrit au meſme tems, & ayant une inſcription à peu prés pareille, Bérenger s'eſt trompé en appliquant à Charles-Magne ce qui devoit eſtre rapporté à Charles le Chauve. Au moins c'eſt par une mépriſe de cette nature que Sigebert a placé Uſuard & Hincmar ſous le regne de Charles-Magne; en quoy Sigebert a eſté ſuivi par Trithéme, quoy que l'un & l'autre ait écrit ſous Charles le Chauve, comme tout le monde en convient à l'égard de Hincmar, & comme le reconnoiſſent Bollandus & Labbe à l'égard d'Uſuard.

De Script. Eccl. Catal. c. 95. Catal. f. 57. Prolog. in lib. 4. adv. Oecol. Indic. Belg.

Sigeb. Catol. c. 85. & 99. De Script. Eccl. fol. 53. & 55. Præfat. gener. in Vit. Sanct. c. 4. §. 7. Labbe de Scrip Eccl. T. 2. p. 820. & ſeq.

Suppoſé meſme que le livre de Jean Scot fuſt inſcrit *Ad Carolum Magnum Imperatorem*, comme eſt aujourd'huy celuy de Bertram dans les impreſſions, comment s'enſuivra-t-il que ces deux livres ne font que le meſme; *C'eſt*, dit l'Auteur, *que ſi on ſuppoſe que ce tître eſt également faux, il eſt bien difficile que le hazard euſt produit la rencontre d'une meſme fauſſeté dans deux livres differents, qui auroient eu d'ailleurs tant de reſſemblance. Et ſi on prétend que le tître ſoit véritable, il ſeroit bien étrange encore que la fantaiſie de deux hommes differens ſe fuſt trouvée tournée à luy donner ce tître.*

Cette difficulté eſt légére, on ne dit point que Ratramne & Jean Scot ayent donné le titre de Charles-Magne à Charles le Chauve. Mais on ſoûtient que ce n'eſt pas une choſe ſi étrange, que comme Bérenger a attribué à Charles-Magne ce qui devoit eſtre appliqué à Charles le Chauve, ceux qui ſont venus en ſuite ayent rapporté à Charles-Magne un titre pareil, ce Prince paſſant pour amateur des ſaintes Lettres, comme il en avoit eſté le restaurateur : Les exemples que j'ay aleguez prouvent que la chose est possible, puis qu'ils prouvent qu'elle est arrivée. Bérenger n'est donc pas plus favorable à l'Auteur que l'étoit Ascelin.

A l'égard de Durand de Troarn, je voy encore moins comment l'Auteur ose produire ce que Durand a dit du Concile de Paris, où le livre de Jean Scot fut condamné ; *Damnatis Berengarii complicibus cum codice Ioannis Scoti ex quo ea quæ damnabantur sumpta videbantur, Concilio soluto, discessum est* : Car s'il est vray, comme le veut l'Auteur, que par cette façon de parler Durand a insinué qu'encore que dans le Concile de Paris on eust condamné le livre de Jean Scot, ce n'estoit pas pourtant une chose si évidente que le livre de Jean Scot contint les sentimens de Bérenger, ce que l'Auteur croit qui convient aussi au livre de Bertram qu'il traite d'obscur & d'embarrassé, on n'en peut rien conclurre qui ne soit au desavantage de ce Concile où l'on condamna comme hérétique ce qui devoit seulement passer pour obscur. L. de Corp, & Sang. part. 3.

Mais puis que l'Auteur vouloit parler de l'obscurité prétenduë de l'écrit de Jean Scot, il me semble qu'il ne devoit pas joindre au témoignage de Durand celuy de Lanfranc, qui reproche à Berenger qu'aussi-tost que le Concile assemblé à Rome eut reconnu qu'en loüant hautement le livre de Jean Scot, & en blâmant celuy de Paschase, Bérenger s'estoit éloigné de la foy de l'Eglise, on l'avoit retranché de la communion des fidéles ; car il n'est pas croyable que le Concile se soit mis en colére contre le style embarrassé de Jean Scot jusqu'à exterminer son livre par le feu si le livre de Jean Scot n'avoit esté clairement écrit contre Paschase. Et véritablement comment l'auroit-on conceu d'abord de la sorte, & à Paris, & à Verceil, & à Rome, tellement que dans le sens de ces Conciles, loüer Paschase c'estoit proprement condamner Jean Scot.

L'Auteur prétend en dernier lieu que puis que Lanfranc, Bérenger & Ascelin, & les autres Ecrivains de l'onziéme siécle, ne parlent que de Jean Scot lors qu'ils parlent des aversaires de Paschase & de leur condamnation, l'on doit conclure que du temps de Lanfranc & de Bérenger, l'on ne reconnoissoit point d'autre livre qui parust contraire à la doctrine de Paschase que celuy de Jean Scot.

Mais le silence de ces Auteurs ne luy est pas plus favorable que leurs témoignages. En effet, supposé que dans l'onziéme siécle il n'ait point paru d'autre livre contre Paschase que celuy de Jean Scot ; ce que l'on ne peut assurer sans temerité & sans injustice, aprés le soin qu'on a pris de nous cacher tout ce qui nous en pourroit instruire ; il ne s'ensuit pas que le livre de Jean Scot & celuy de Bertram soient un mesme livre. Par cette raison il faudroit que l'Epitre de Raban à Egilon, & sa réponse à Heridold Evesque d'Auxerre, où il a combattu les sentimens de Paschase, fussent le livre de Jean Scot. Car on n'a point parlé de ces écrits de Raban, du temps de Bérenger, de Lanfranc, & d'Ascelin.

D'ailleurs l'Auteur refute luy-mesme son opinion quand il presse le silence de ces Auteurs ; car il paroist par le témoignage de Lanfranc, de Bérenger & d'Ascelin, que Paschase & Jean Scot étoient regardez comme deux chefs de party dans cette dispute ; il y a donc apparence que le livre de Jean Scot étoit directement écrit contre Paschase ; Paschase y estoit ou nommé ou du moins clairement désigné, ce qui ne se trouve point dans l'écrit de Bertram, qui traitte les matiéres d'un air moins polemique, qui ne nomme jamais Paschase, & qui ne le désigne pas seulement, ce qui apparemment a servy à le conserver. C'est-là ce que j'avois à remarquer sur la premiere preuve de l'Auteur.

Art. 3. de la Differt. fur. Jean Scot §. 2.

Pour établir la seconde ; savoir que le propre caractére du style de Bertram est le mesme que celuy de Jean Scot, l'Auteur prétend que les divers jugemens des personnes savantes du party Romain & du nostre touchant la doctrine du livre de Bertram, sont des témoignages assez évidens du propre caractére de son esprit, c'est-à-dire d'un esprit naturellement confus & embarassé, ou bien d'un esprit dissimulé qui craint de découvrir nettement ses pensées sur le sujet dont il traitte, & qui affecte à dessein de se contredire pour pouvoir adroitement insinuër son sentiment, & pour éviter les censures. Il assure en suite que ce caractére paroist avec éclat dans le Dialogue des Natures de Jean Scot, & dans son livre de la Prédestination, d'où il conclud que l'on ne doit pas douter que le livre de Bertram ne soit de Jean Scot. C'est dans la mesme veuë qu'aprés que l'Auteur a allegué quelques exemples des contradictions de Jean Scot, & qu'il a jugé peu charitablement qu'elles ne partent pas d'un esprit confus & embroüillé, puis que quand il veut il explique tres nettement ses pensées sans se contredire, mais que ce ne sont que des stratagêmes d'un Philosophe

losophe plus Payen que Chreſtien, il ſoûtient qu'on trouve le meſme eſprit dans le livre de Bertram, qui ſemble en vingt endroits s'éloigner de la doctrine de la preſence réelle, & qui fait ſemblant en tout autant d'endroits de l'approuver, de ſorte que l'on ne ſait à quoy ſe fixer.

Mais les deux parties de la remarque de l'Auteur ſe contrediſent & s'entrechoquent. Car ſi Jean Scot avoit naturellement l'eſprit confus & embarraſſé, comment eſt-ce qu'il explique tres-nettement ſes penſées quand il veut, & qu'il ſe ſoûtient tant que bon luy ſemble ſans ſe contredire? Ce n'eſt pas-là le caractere d'un eſprit confus & embarraſſé. 2. On ne doit pas croire qu'auſſi-toſt qu'un Auteur tombe en quelque contradiction; ce qui eſt arrivé quelquesfois aux Peres comme chacun ſait, & ſur tout ſur les matieres qui ont embarraſſé Jean Scot, & où il s'eſt contredit, il ſe ſerve alors des ſtratagêmes d'un Philoſophe plus Payen que Chrétien. 3. C'eſt mal-à-propos que l'Auteur feint que Bertram a affecté les tenebres & les expreſſions ſuſpenduës. Ce Bertram quel qu'il ſoit eſtant aſſurément ſoûtenu par le Roy Charles le Chauve, & Heribold la premiere perſonne de l'Egliſe Gallicane ayant eſté dans ſon ſentiment auſſi-bien que Raban, & ce qu'il y avoit de plus illuſtre, il paroiſt qu'il deffendoit la doctrine publique de l'Egliſe. 4. L'Auteur ne devoit pas alléguer le jugement des Centuriateurs de Magdebourg pour montrer que ce livre eſt embarraſſé au jugement des noſtres. Si les Centuriateurs ont eu pour ſuſpectes quelques expreſſions du livre de Bertram, on ſait que dés 1537. Bulinger le citoit avec éloge. Au reſte, ce que quelques-uns des Docteurs de Rome ont cité le livre de Bertram comme s'il leur eſtoit favorable, c'eſt purement l'effet de cette préoccupation qui leur a fait produire les écrits de Raban, comme ſi Raban avoit eſté de leur ſentiment, bien que l'on reconnuſt conſtamment au 12. ſiécle que Raban a écrit contre Paſchaſe. Les Cenſeurs qui ont condamné le livre de Bertram, & qui ſont des perſonnes publiques, ſont plus croyables que des particuliers.

Comment. in 1 ad Cor. 10. p. 190.

L'Auteur marque encore un ſecond caractére du génie de Jean Scot, qu'il croit qui eſt dans le livre de Bertram, ſavoir ces argumens mis en forme, cette foule de Syllogiſmes & d'Entymeſmes entaſſez les uns ſur les autres; ces maximes & ces principes tirez de la Philoſophie d'Ariſtote. Car comme il montre par

E

le témoignage de ſaint Prudence Eveſque de Troye, & de Flore Diacre de l'Égliſe de Lion, que c'eſt le génie de Jean Scot dans la diſpute, il prétend que toute cette forme de raiſonner ſe rencontre dans l'ouvrage du Corps & du Sang du Seigneur, dequoy il produit trois exemples.

Mais cette autre conformité eſt auſſi mal-fondée que les precedentes. J'avouë que c'eſt le génie de Jean Scot d'eſtre fort argumentatif. On le peut remarquer dans ſes livres de la Predeſtination, comme ſaint Prudence & Flore le luy ont reproché. Mais je ne voy pas que parce qu'il y a quelques argumens philoſophiques dans le livre de Bertram; car l'Auteur n'en produit que trois, & encore ſont-ils contenus dans une meſme periode; il en faille incontinent tirer cette concluſion, Donc le livre du Corps & du Sang du Seigneur eſt de Jean Scot. Encore ſi Bertram nommoit quelque part Ariſtote, ce que Jean Scot ne manquoit pas de faire, comme on le voit par divers lieux de ſon traité Manuſcrit des Natures; mais Bertram n'a pas ſeulement le nom de ce Philoſophe.

Cependant puis que l'Auteur nous met ſur le génie de ces Auteurs, montrons un peu quel eſt le génie de Jean Scot, & quel eſt celuy de Bertram, d'où il paroiſtra clairement qu'il n'y a rien de ſi abſurde que de faire Jean Scot auteur du livre de Bertram. Voicy quelques-uns de leurs caractéres.

Bertram ſuit l'Ecriture Sainte & les Peres, comme il le proteſte d'abord; & Jean Scot fait marcher la raiſon devant l'autorité. Il en fait comme une maxime, d'où vient qu'il eſtime particuliérement la Philoſophie, & renvoye à toute heure aux écrits d'Ariſtote. Il en uſe ainſi dans ſon traité de la Predeſtination, comme Prudence & Flore le luy objectent juſtement.

De Nat. l. 1. p. 56. & l. 4. p. 267.

Bertram ſuit ſon ſujet ſans le perdre de veuë; & Jean Scot fait ſouvent des digreſſions, comme on le voit particuliérement dans ſon Traité manuſcrit des Natures.

Bertram ſemble s'attacher à certains Auteurs, comme ſaint Jerôme, ſaint Auguſtin, ſaint Fulgence, ſaint Iſidore, ſaint Gregoire; & Jean Scot en affecte d'autres, comme ſaint Baſile, ſaint Gregoire de Nazianze, qu'il confond avec ſaint Gregoire de Nyſſe, ſaint Ambroiſe, le faux Denis Aréopagite, Boëce, ſaint Maxime. Tellement qu'on diroit que l'un ſe ſeroit attaché aux Peres Latins, & que l'autre ſe ſeroit attaché aux Peres Grecs, &

L. 2. p. 79. & L. 4. p

les auroit préferez aux Peres Latins, selon qu'il le proteste dans son traité des Natures. 285. & 286 & L 5. p. 343.

Bertram parle un Latin assez coulant pour le siécle auquel il a écrit, & je ne trouve qu'un seul mot Grec dans tout son Traité, qu'il n'allegue encore que parce qu'il se trouve dans un passage d'Isidore qu'il avoit cité. Au lieu que Jean Scot affecte la frase Grecque, & entremesle sa Latinité d'un fort grand nombre de mots Grecs, ce qui rend son style fort particulier & fort difficile, comme l'ont remarqué Anastase le Bibliotecaire, & Petrus Crinitus. Epist. ad Carol. Calv. in Syll. Epist. Hiber. De honest. disc. l. 24. cap 11.

Bertram n'a point de mots barbares, au lieu que Jean Scot semble les affecter.

Bertram ne se sert que des Auteurs connus pour Orthodoxes, Jean Scot déclare qu'il ne laisse pas d'emprunter des armes dans les livres des hérétiques. T. 1. Maug. p. 109. & 111. Ibid. p. 112, & 113.

Bertram ne fait presque que des tissus des Saints Peres, au lieu que l'autre les cite avec beaucoup moins de liaison.

Bertram défere particuliérement à saint Augustin, comme on le voit à la fin du livre du Corps & du Sang du Seigneur, il s'en fait un modele; au lieu que Jean Scot ne s'attache pas tant à son autorité, qu'il ne luy préfere souvent les SS. Peres Grecs, réfutant S. Augustin par leur autorité. De Natur. l. 5. p 343.

Bertram auroit pû combattre l'opinion de Paschase par un grand nombre d'argumens empruntez de la Philosophie, ce qu'il ne fait pas: au lieu que Jean Scot employe par tout les argumens Philosophiques jusqu'à les mesler dans une matiére qui sembloit en estre assez separée. T. 1. Maug. p. 111. & 112. & 182.

Ce qui les distingue encore davantage, c'est que Bertram s'explique d'une maniere tres-pure sur la verité de la nature humaine de nostre Seigneur, depuis qu'elle a esté élevée à la gloire par la Resurrection. Il enseigne que son corps estoit visible & palpable, au lieu que Jean Scot dans son livre des Natures défend l'impalpabilité du Corps de nostre Seigneur Jesus-Christ, tellement que l'on diroit qu'il est tombé dans l'erreur d'Origene sur cette question. L. 2. p. 75. & 76. & 99.

Je pourrois encore montrer que Jean Scot suivant son génie & ses hypotheses, auroit sans doute écrit d'une toute autre maniere que n'a fait Ratramne; & c'est une remarque que j'ay faite sur divers lieux du Dialogue manuscrit des Natures lors que je De Naturis. L. 1. p. 17. 18. 20. 21. 22. 23. 24.

28.30.35. l'ay lû. Car il y rejette presque toutes les conséquences de la
37.38.39 doctrine de Paschase, d'une façon tres-forte à la vérité; mais
42.46 47. tres-différente de la methode de Bertram. En voicy un exem-
50. 56.
Lib.2.p.76. ple; il soûtient par l'autorité de S. Maxime, que les corps n'ont
& 132. point de sang depuis qu'ils sont glorifiez; ce qui s'accommode
L. 3. p.162. avec les hypothéses de Jean de Damas; mais non avec celles de
178. la présence réelle & de la transsubstanciation comme chacun le
L. 4. p. 292. voit. Qui doute qu'il n'eust employé cét argument sur cette que-
297 300. stion? J'en pourrois produire beaucoup d'autres; mais comme
306. & cette matiere m'emporteroit trop loin, & que je n'ay pas le Ma-
307. nuscrit entre les mains, je me contente des remarques que j'ay
L.5.p.343. apportées, croyant qu'elles suffisent pour montrer que le génie
345.348. de Jean Scot estoit tout-à-fait different de celuy de Bertram.
350.364.

CHAPITRE V.

Examen des autres difficultez que l'Auteur de la Dissertation forme sur le nom de Bertram.

PUIS que le livre du Corps & du Sang du Seigneur est un ouvrage de Ratramne, & non pas de Jean Scot, on ne s'ira pas figurer comme fait l'Auteur de la Dissertation, que Bérenger ou ses disciples ayent les premiers publié cét écrit sous le nom de Bertram. Et véritablement il est assez difficile de savoir l'éloge que Hildebert Evesque du Mans, & depuis Archevesque de Tours a fait de Bérenger, & de tomber dans un soupçon si injurieux à la memoire de ce grand homme. Hildebert décrit Bérenger comme une personne, (Vvillel. Malmesb. l. 3.)

> *Cujus cura sequi naturam, legibus uti,*
> *Et mentem vitiis, ora negare dolis,*
> *Virtutes opibus, verum præponere falso.*

Un homme qui suit ces maximes, & ceux qui sortent de son école sont assez éloignez de ces fourberies. Je n'aurois donc qu'à montrer que quand le livre de Bertram seroit de Jean Scot, l'effet ne laisseroit pas d'estre à peu prés le mesme, parce que Jean Scot a esté d'un tres-grand poids, & d'une tres grande autorité dans le neuviéme siécle. Mais parce que l'Auteur s'imagine que le nom de Bertram, sous lequel ce livre a premiérement paru, prouve clairement qu'il est d'un autre que de Ratramne, il est juste avant cela de considérer ses observations.

La premiére en revient à cecy, que Sigebert, Trithéme & l'Anonyme de Cellot, qui sont les seuls Auteurs qui ont parlé de Bertram, ne luy attribuent point d'autres Ouvrages que ceux du Corps & du Sang du Seigneur, & de la Prédestination, dont ces deux premiers Auteurs ne font point de mention en parlant de Jean Scot, quoy qu'il soit tres-certain que Jean Scot a écrit deux livres sur ces mesmes sujets, d'où il conclut que Bertram est un Auteur supposé, qui dans le fond n'est autre que Jean Scot; c'est ainsi que raisonne l'Auteur de la Dissertation. Dissert. art. 3. §. 3.

Mais il n'y a rien de solide dans cette remarque. 1. Le livre de Jean Scot de la Prédéstination est dédié à Hincmar & à Pardule, au lieu que Sigebert remarque expressément que celuy de Bertram ou de Ratramne estoit dédié à Charles le Chauve, comme on le voit en effet dans l'impression de ce livre de Ratramne que M. Mauguin a donné au public. 2. Trithéme confirme en deux endroits le texte de Sigebert, quoy que dans un autre lieu il dise aussi que le livre de Bertram du Corps & du Sang du Seigneur est dédié à Charles, ce que Sigebert avoit tû. 3. Il est faux que l'Anonyme de Cellot ait le nom de Bertram: il a constamment celuy de Ratramne dans le Manuscrit de Corbie; & dans les deux Manuscrits de l'Abbaye de S. Victor on trouve que dans un endroit cét Anonyme donne pour aversaires à Paschase, *Rabanus* & *Intramus*, & dans la page suivante *Babanus* & *Ratramnus*, ny dans l'un ny dans l'autre de ces deux lieux le Copiste n'a le nom de Bertram, ce qui seroit étrange si le titre qu'a eu ce livre depuis l'onziéme siécle étoit celuy de Bertram, & non celuy de Ratramne, comme nous le soûtenons. 4. Il est faux que les Auteurs ne parlent que de deux ouvrages attribuez à Bertram. Trithéme dit en deux endroits que Bertram a écrit plusieurs autres livres. 5. C'est mal-à propos que l'on allégue le silence de l'Anonyme sur les autres ouvrages de Bertram, puis qu'il n'a point le nom de Bertram, & que quand il en auroit le nom, son but ne le portoit point à parler d'aucun autre écrit de Bertram que de celuy de l'Eucharistie. 6. Si Sigebert n'a point parlé du livre de l'Eucharistie que Jean Scot auroit composé par l'ordre de Charles le Chauve, on n'en peut rien conclure si l'on ne veut soûtenir aussi par la mesme raison que les autres ouvrages de Jean Scot, comme celuy des Natures, ont esté supposez à d'autres Au- De script. Eccl fol. 57. & in Chron. Hirsaug.

teurs, puiſque Sigebert n'en parle pas non plus. 7. Il n'y a rien de plus naturel que de dire que Trithéme a compris les livres de la Prédéſtination & de l'Euchariſtie de Jean Scot, quand il dit, *Ioannes dictus Erigena ſcripſit quædam alia.*

Ibid.

Differt. Ibid.

La ſeconde remarque de l'Auteur eſt, que ceux qui parlent de Bertram, ne le connoiſſent point particulierement & ne conviennent pas enſemble de ſon veritable nom; que Sigebert qui dans quelques exemplaires Manuſcrits l'appelle Ratram, ne marque point la qualité qu'il a euë, ce qu'il a accoûtumé de faire en parlant des autres Auteurs; que l'Abbé Trithéme qui parle de Bertram en trois lieux, n'a pû dire dans quel Diocéſe ny dans quel Monaſtére il s'eſt rendu ſi recommandable, encore qu'il ait preſque toûjours fait ces ſortes de remarques en parlant des hommes illuſtres de l'Ordre de S. Benoiſt, tellement qu'il y a ſujet de croire qu'il a fait trop legerement l'éloge de Bertram, dont les ouvrages luy étoient apparemment inconnus; enfin que l'Anonyme qui déſigne les autres Auteurs par leurs qualitez, comme Raban, Heribold, Paſchaſe, Egilon, parle de Ratramne comme d'un inconnu *Ratramnus quidam*, marquant qu'il n'en ſavoit rien, ſinon qu'il avoit nom Ratramne ou Intram, comme parlent deux Manuſcrits de l'Abbaye de S. Victor.

Mais l'Auteur ſe trompe dans ſes ſuppoſitions. 1. Il n'eſt pas vray que Sigebert donne conſtamment aux Ecrivains dont il parle les qualitez Eccleſiaſtiques qu'ils ont euës; le contraire paroiſt par les Chapitres 84. 91. 93. 94. 103. & autres de ſon Catalogue. 2. Je ne ſay comment Trithéme en uſe dans le 2. livre des Ecrivains de l'Ordre de S. Benoiſt, je n'ay jamais vû cét ouvrage; toutefois le peu de ſeureté que j'ay trouvé dans le jugement de l'Auteur ſur la coûtume de Sigebert, me fait croire qu'il n'a pas jugé plus heureuſement de celle de Trithéme. Il m'eſt au fond aſſez indiferent que Trithéme ait vû, ou n'ait pas vû les écrits qu'il attribuë à Bertram. Je ne puis pourtant m'empeſcher de remarquer icy la bizarrerie des jugemens humains. En 1652. les éloges que Trithéme donne à Bertram, obligent M. Herman à croire que le livre du Corps & du Sang du Seigneur eſt le plus Orthodoxe du monde. Et en 1669. ces meſmes éloges que Trithéme donne à Bertram, obligent l'Auteur de la Diſſertation à ſoûtenir que Trithéme ne l'a pas lû, & qu'ainſi il a loüé Bertram ſans aucune réflexion. 3. Il me ſemble que la maniére dont

Hieron. ab Ang. Forti. epiſt. 3. p. 63.

l'Anonyme de Cellot a traitté Ratramne, ne le connoissant que par son livre ne fait point que ce fust un Auteur inconnu aux autres. Car quand on supposeroit que Ratramne eust esté entiérement inconnu à cét Anonyme, qui vivoit au 12. siécle, on sait que Florus célébre Diacre de l'Eglise de Lion fut aussi traitté d'un *Quidam* par les historiens du 12. & du 13. siécle, & Paschase mesme estoit si peu connu de Gaufredus Moine de Clervaux à la fin du 12. siécle, que Gaufredus le confondoit avec Paschase Diacre de l'Eglise Romaine qui vivoit environ l'an 500. *Amalarius* a esté fort illustre au 9. siécle & fort connu de Louïs le Debonnaire, par l'ordre duquel il écrivit. Les Copistes ont corrompu son nom dans le Catalogue de Sigebert, & l'ont changé en *Attularius*; Trithéme en parle dans son Catalogue sous le nom de *Hamularius*, & aprés cent disputes il demeure encore presque inconnu. 4. Il est assés surprenant de voir que l'Auteur de la Dissertation attribuë aux Auteurs mesmes les fautes des Copistes qui ont écrit le nom de Ratramne. Il nous dit que Sigebert donne à Bertram le nom de *Ratramne* dans quelques exemplaires Manuscrits, que Trithéme en parle sous trois noms differens; de Bertram, de Bertramne, & de Bertranne que l'Anonyme l'appelle Ratramne ou Intram. Je ne say si c'est tout de bon qu'il parle, ou pour se mocquer de nous: Mais s'il dit serieusement que ceux qui suivant sa supposition changerent le titre du livre de Jean Scot, le firent passer à dessein sous ces noms différens en différentes copies, il eust esté bon qu'avant que de mettre en avant une conjecture de cette sorte, il se fust donné la peine d'établir cette découverte par l'autorité de quelques Manuscrits du livre du Corps & du Sang du Seigneur, où l'on vist ces différens noms.

Guill. Malmesb. A. 883. Sim. Dunelm. p. 148. Math. Vvest A. 889. Apud Baron. An. 1188. §. 19. Voy Labb. de Scrip. Eccl. in Amalar.

La derniére marque de supposition que l'Auteur de la Dissertation propose, c'est que si l'on ne reconnoist Bertram pour un Auteur supposé, & le livre du Corps & du Sang du Seigneur pour l'ouvrage de Jean Scot l'on se voit réduit à admettre des cõsequences si estranges, & qui approchent si prés de l'impossible que l'on n'en sauroit produire d'exemples pareils dans toute l'Antiquité.

Ibid.

Mais il ne faut que parcourir les principales difficultez que l'Auteur propose pour voir que ce n'est rien. 1. Ce n'est point une absurdité que de pretendre qu'au 9. siécle il y ait eu deux Auteurs, l'un nommé Jean Scot connu de tout le monde pour l'Auteur de la première traduction Latine de la Hiérarchie du faux Denys ; l'autre appellé Ratramne, de qui le nom par l'ignorance des Copistes, a esté corrompu en celuy de Bertram, ou Bertramne, ou Bertranne, comme celuy d'Amalarius l'a esté en celuy d'Attularius, celuy d'Aimoinus en Aumoinus, & en Ammonius & en Annonius, sous lequel cét Auteur fut premiérement publié à Paris l'an 1514. 2. Ce n'est pas non plus une absurdité que de dire qu'ils ont esté tous deux aversaires de Paschase, non secrets, comme dit l'Auteur, mais declarez, en écrivant contre sa doctrine. L'Anonyme a proposé divers aversaires de Paschase comme Raban & Ratramne. 3. Il n'y a point d'impossibilité si monstrueuse à soûtenir que Ratramne & Jean Scot ayent écrit tous deux sur la matiére de l'Eucharistie, & sur celle de la Predestination ; Il y eut de leur tems deux disputes sur ces sujets, & en effet on a leurs deux traitez de la Predestination publiez par M. Mauguin. On sait que dans l'onziéme siécle les Papes ont fait brûler celuy de Jean Scot sur l'Eucharistie, & sans doute que leurs partisans qui ont supprimé tous les livres de Bérenger & de ses disciples, ont aussi exterminé avec toute sorte de soin les copies de celuy de Jean Scot. Par un assez grand bonheur celuy de Ratramne dont il est parlé au XII. siécle, comme d'un aversaire de Paschase est entre nos mains sous le nom corrompu de Bertram. 4. Il n'y a pas plus d'absurdité à concevoir que les écrits de ces deux Auteurs touchant l'Eucharistie ayent esté, l'un dédié à Charles le Chauve, & l'autre composé par son commandement. Ratramne & Jean Scot ont esté tous deux particulierement connus & estimez de ce Prince. Ratramne a écrit par son ordre le livre *de la Predestination*, & Jean Scot pour luy obeïr a traduit la Hierarchie du prétendu Denys, & en a toûjours esté fort consideré. 5. Ce n'est point une chose absurde que de croire que Jean Scot ait esté obligé d'écrire sur le mesme sujet que Ratramne ; Leur sentiment estoit si consideré de leur tems que Hincmar & Pardule deux Evesques célebres obligérent Jean Scot à écrire sur la Prédestination, & qu'une assemblée d'Evesques obligea Ratramne à écrire contre les objections des Grecs que le Pape Nicolas I. leur avoit envoyées. 6. C'est une difficulté chimérique que de dire qu'ils ayent tous deux eu la fantaisie de donner à Charles le Chauve le titre de Charles-Magne. J'ay montré qu'ils ne l'ont pas fait ; mais que Bérenger s'est trompé en expliquant ce titre *Ad Carolum Regem*, & qu'il est fort possible que ceux qui ont fait imprimer le mer le livre de Bertram ayent entendu ce titre comme Bérenger dans un ſujet pareil, & dans une meſme diſpute. 7. Ce n'eſt point une impoſſibilité que leurs deux livres du Corps & du Sang de J. C. n'ayent cõtenu chacun qu'un livre d'une grandeur fort mediocre. 8. Il n'y a pas plus de difficulté à croire que deux écrivains qui traitent un même ſujet ayent employé les mêmes témoins, & la même Oraiſon que l'on recitoit tous les jours dans le ſervice, qu'ils en ayent tiré les meſmes concluſions, & en des termes peut-eſtre non abſolument les meſmes, mais fort approchans. Paſchaſe ſe vantoit dans ſon Epiſtre à Frudégard que cette Oraiſon faiſoit pour luy, ce qui engageoit tous ſes averſaires à l'examiner, & à en preſſer les propres termes contre luy ſans y rien changer. 9. Je ne croy pas non plus qu'apres ce que j'ay repreſenté du genie de ces Auteurs, perſonne s'imagine qu'ils ayent tous deux eſté également adonnez à la Philoſophie d'Ariſtote, & qu'ils ſe ſoient tous deux accoûtumez à éclaircir les myſtéres de la Religion par des Argumens mis en forme, par des Enthymêmes, par des maximes & par des principes tirez de la Philoſophie : J'ay fait voir la difference qui eſt entre le genie de Bertram & celuy de Jean Scot. 10. Il eſt également faux que l'un & l'autre n'ayent oſé découvrir leur penſée touchant le dogme de la préſence réelle. L'Auteur luy-meſme veut que le livre de Bertram ſoit le livre de Jean Scot, & le livre de Jean Scot a eſté brûlé en plein Concile, parce qu'il la combat. 11. Il n'y a pas encore trop dequoy s'étonner de ce qu'apres la queſtion émuë & le livre de Jean Scot brûlé, on ait cherché avec plus de ſoin les livres qui regardoient une diſpute de laquelle Bérenger ſoûtenoit que Paſchaſe avoit donné l'occaſion par ſes nouveautez, & qu'ainſi le livre de Ratramne ait paru depuis que celuy de Jean Scot eſtoit diſparu.

Enfin 12. il n'y a point de gens raiſonnables qui ſoient embaraſſez de cette difficulté imaginaire de l'Auteur de la Diſſertation, ſavoir que de l'un de ces Auteurs qui eſt Bertram, il n'en ſeroit rien reſté de certain à la poſterité, ny à l'égard de ſa qualité, ny à l'égard de ſon nom, quoy que ſon livre ſoit demeuré, & que l'on connoiſſe fort bien les qualitez de l'autre, ſavoir de Jean Scot, quoy que ſon livre ſoit pery. On ſait aſſez qui eſt Ratramne, & que Bertram n'eſt qu'un nom corrompu par l'ignorance des Copiſtes. Mais ce que je viens de repreſenter ſuffit pour diſſiper l'illuſion qu'avoit produite le nom de Bertram, &

tous les gens équitables seront assûrément convaincus que Ratramne est l'Auteur du livre du Corps & du Sang du Seigneur, & non pas Jean Scot. Il ne s'agist donc plus que de montrer que l'autorité de ce Livre n'en seroit guére moindre quand Jean Scot en seroit l'Auteur. C'est à quoy j'ay destiné la seconde partie de cette Réponse.

SECONDE PARTIE.

Que l'autorité du livre du Corps & du Sang du Seigneur publié sous le nom de Bertram ne laisseroit pas d'estre tres considérable, quand mesme Jean Scot en seroit l'Auteur.

CHAPITRE. VI.

Que Iean Scot a esté dans une tres-grande estime, & dans son siécle & dans les siécles suivans.

IL y a tant de choses qui relevent la gloire du nom de Jean Scot, qu'on peut s'étonner que M. Arnaud & l'Auteur de la Dissertation en ayent parlé avec tant d'indignité, & qu'ils ayent pû se persuader, que pour décréditer le livre du Corps & du Sang du Seigneur, il ne faloit que le donner à Jean Scot. C'estoit un homme qui par son merite avoit gagné l'estime & l'affection de Charles le Chauve, c'est à-dire d'un Prince judicieux, qui prenoit à cœur les interests de la Religion, comme Ratramne l'en loüe dans le livre de la Prédéstination. *Ces deux choses*, dit-il, *élevent V. M. d'une façon tout-à-fait illustre; C'est que vous cherchez les secrets de la sagesse du Ciel, & que vous brulez d'amour pour la Religion.* Aussi ce Prince merita-t-il le titre d'ORTODOXE qui luy fut donné par un Concile tenu en 869. Henry Moine d'Auxerre le loüe de mesme de son savoir, & de sa pieté, comme on le voit dans l'Epitre dédicatoire de la Vie de S. Germain d'Auxerre, rapportée par Du Chéne, & par Baronius. Mais entr'autres choses il le loüe d'avoir attiré en France *l'Hybernie savante*, entendant par là Jean Erigéne, c'est à-dire, Jean l'Irlandois, comme l'a remarqué le Jesuite Alford dans ses Annales Anglicanes.

T. 1. Maug. pag. 29.

Concil. apud Vermer. T. 2. Nov. Bib. Mss. pag. 755. Hist. Fr. T. 2. p. 470. Annal. 876. §. 38. & 39. T. 3. A. 886. §. 10. & 11.

Celuy qui a écrit la Vie des Evesques d'Auxerre, décrivant les avantages qu'Heribald avoit eus en sa jeunesse, conte pour un grand bonheur qu'il eust esté élevé sous la discipline de Jean Scot. *Il s'attacha*, dit-il, *à la personne de Iean Scot qui en ce temps-là répandoit dans les Gaules les rayons de sa Sapience. Il fut long-temps son disciple, & il apprit sous luy l'art de connoistre les choses divines & les choses humaines, & de juger droitement des biens & des maux.* T. 2. Nov. bib. MSS. p. 435

L'autorité de Jean Scot étoit si considérable au 9. siécle, que Hincmar Archevesque de Reims, & Pardule Evesque de Laon qui se trouvoient engagez dans des disputes aigres touchant la Prédéstination & la Grace avec Gothescalc, crûrent qu'ils ne pourroient rien faire de mieux pour leur party que d'obliger Jean Scot à écrire sur ces deux sujets. Il écrivit en effet, & bien que le choix qu'il fit du mauvais party luy attirast les censures des Conciles de Valence & de Langres, & que Hincmar mesme le défendist foiblement, il ne laissa pas de conserver son crédit; & Charles le Chauve l'obligea de travailler à la traduction des œuvres qui portent le nom de Denys l'Aréopagite. T. 2. Maug. 132.

Sa réputation ne se conserva pas seulement en France, elle passa en Italie & à Rome mesme. Anastase Bibliotécaire des Papes luy donne des loüanges tres-particuliéres dans une lettre qu'il écrivit à Charles le Chauve. *Ie parle*, dit-il, *de Iean Scot de qui j'ay oüi dire que c'est un Saint. C'est une œuvre de l'esprit de Dieu d'avoir rendu cet homme aussi zélé qu'éloquent.* Syll. Epist. Hyber. n. 33. p. 64. & seq.

On pourroit ajoûter icy l'amitié qu'Alfrede Roy d'Angleterre eut pour luy, & les emplois que ce Prince luy donna; mais j'en parleray dans la suite.

Je diray seulement que Jean Scot estoit en effet un homme tres-digne de l'estime & de l'affection de tout le monde, il avoit l'esprit vif & pénétrant; il estoit non-seulement profond en Philosophie, mais aussi fort versé dans la lecture des Peres, & particuliérement des Peres Grecs, ce qui estoit fort rare au 9. siécle, où le savoir des plus grands hommes estoit borné à la connoissance de S. Jerôme, de S. Augustin, de Grégoire le Grand, d'Isidore de Seville, & où leur adresse consistoit à copier ces Auteurs de mot à mot.

Enfin on peut encore remarquer en faveur de Jean Scot, que bien que son livre de l'Eucharistie fust condamné dans les Conciles de l'onziéme siécle, la réputation de l'Auteur ne laissa pas de se perpetuër dans les siécles suivans, comme il paroist par les témoignages autentiques que tous les Historiens luy rendent. Je ne rapporteray point icy ce qu'en disent Ingulphe, Guillaume de Malmesbury, Siméon de Dunelme, Roger de Hoveden Matthieu de Vvestmunster, & Florent de Vigorne; on peut voir les endroits dans la Réponse au premier traité de la Perpétuité.

Part.3.ch.3.

Il faut seulement ajoûter à ces témoignages, 1. celuy du Manuscrit de la Bibliothéque de S. Victor qui a pour titre, MEMORIALE HISTORIARUM: *Tempore eodem fuit Ioannes Scotus vir perspicacis ingenii & mellitæ facundiæ, qui rogatu Caroli Calvi jam dudùm verbo ad verbum Hierarchiam Dionisii de Græco in Latinum transtulerat, & post super eundem librum fecit commentum, fecitque librum de Naturæ divisione, & librum de Eucharistia, qui postea lectus est & condemnatus in Synodo Vercellensi à Papâ Leone celebratâ, eodem anno quo Lanfrandus ab errore Berengarii se purgavit, unde, sicut dicit Lanfrandus, ipse in fide desipuit. Tandem ivit in Angliam ad Regem Elfredum, & apud monasterium Malmesburiense à pueris quos docebat & à graphiis suis, ut fertur, perforatus martyr æstimatus est.* 2. Celuy de Petrus Crinitus qui en parle presque en mesmes termes. 3. Celuy de Naucler, *Alfred*, dit-il, *avoit enrichi le Collége d'Oxford sur tout de Iean Scot, comme d'un Astre divin qu'il appella en Angleterre, le retirant de France où il estoit en faveur auprés de Charles le Chauve.*

De honesta Discip. l. 24. ch. 11. Gener. 30. p. 653.

S'il en falloit davantage pour assûrer la reputation d'un Auteur, à peine trouveroit-on quelqu'un à qui l'on pûst donner quelque autorité.

Il est vray que son livre de l'Eucharistie fut condamné par l'Eglise Romaine dans l'onziéme siécle; mais il est remarquable que ce livre ny son Auteur ne furent point condamnez au 9. siécle où il vivoit, & que ses aversaires qui estoient fort animez contre luy, comme il paroist par la lettre de l'Eglise de Lion, & par les termes du Concile de Valence, & qui par conséquent n'estoient pas en estat de luy pardonner une hérésie sur le sujet du S. Sacrement, ne l'accusérent pourtant jamais sur cét article. Le Jesuite Cellot ne voulant pas convenir de la véritable raison pourquoy dans ce temps-là on ne fit aucun reproche à Jean Scot sur sa doctrine de l'Eucharistie, tourne la chose en admiration, & avance une raison pitoyable de ce silence; *Ie ne puis assez m'étonner*, dit-il, *de ce*

Append. ad Hist. Gotesc. p. 583.

qu'en laissant l'erreur que l'on dit que Iean Scot a euë contre la tres-auguste Eucharistie ; ces frelons (c'est ainsi qu'il nomme ceux de Lion) *s'attachérent uniquement à la matiére de la Prédestination. Cela montre* , ajoûte-t-il , *qu'ils ne combattoient pas tant pour défendre la foy que pour ruïner le party de ceux de Reims* ; c'est-à-dire , de Hincmar & de ses amis qui avoient condamné Gothescalc. Mais & son étonnement & sa raison s'évanoüiroient également , s'il avoit voulu reconnoître , ce que châcun peut appercevoir , que la véritable raison pourquoy Jean Scot ne fut pas condamné dans le 9. siécle , & qu'il le fut dans l'onziéme , c'est que sa créance estoit conforme à celle de l'Eglise du 9. siécle , & n'y est devenuë contraire que dans la suite du temps lors que les Sectaires de Paschase eurent prévalu.

L'Auteur de la Dissertation a pris un autre tour pour ternir la gloire du nom de Jean Scot , & rendre raison pourquoy son livre touchant l'Eucharistie ne fut pas condamné au 9. siécle. Il dit qu'il y a dans la Bibliotéque de S. Germain des Prés deux Manuscrits d'un Dialogue intitulé *des Natures* dont l'Auteur est ce mesme Jean Scot , & que ce livre est tout remply d'erreurs. Il étale ces erreurs avec beaucoup d'art & de soin , & il en tire enfin ces deux conséquences , 1. *Que Iean Scot étoit un homme fort propre à avancer des hérésies contraires à la doctrine de l'Eglise de son temps.* 2. *Qu'il ne faut pas s'étonner que des hérésies n'ayant esté enseignées que par un particulier , & n'ayant point eu de suite , le livre où il les a enseignées n'ait point esté publiquement condamné.* C'est ce qu'il croit que le Dialogue des Natures fait voir invinciblement , parce que d'un costé il est plein d'erreurs , & que de l'autre on ne trouve point qu'il ait esté condamné.

Articl. 1. de sa Differ. sur Iean. Scot.

Pour la premiere, j'avouë de bonne foy que je croy que ce livre est de Jean Scot , & mesme qu'il y-a des erreurs ; mais l'Auteur de la Dissertation ne devoit pas taire que Jean Scot ne les a pas avancées de son chef , & qu'en cela il n'a fait que suivre les opinions de plusieurs Peres célébres entre les Grecs , & les Latins , comme sont S. Basile , S. Grégoire de Nysse , & S. Ambroise , le prétendu Denys Aréopagite & S. Maxime. Ce qui n'empesche pas que tous ces Peres n'ayent toûjours esté en tres-grande vénération dans l'Eglise. Jean Scot les cite sur chacune de ces opinions , il en rapporte les passages ; ce qui a fait dire à Guillaume de Malmesbury , *Que son livre peut utilement servir à resoudre des questions difficiles, pourveu qu'on luy pardonne en quelque chose, où il s'est éloigné du chemin des Latins, pour avoir trop attaché ses yeux sur les Grecs.*

Quant à la seconde conséquence il y a une grande différence entre le livre de Jean Scot *des Natures*, & celuy *de l'Eucharistie* du mesme Auteur. 1. Le livre *des Natures* peut n'avoir esté connu que de peu de personnes, parce qu'il n'a esté fait qu'à la priére d'un particulier, savoir de Wlfade Chanoine de Rheims, au lieu que celuy qu'il composa sur l'Eucharistie ne peut qu'il n'aye esté public, puis qu'il le fit par le commandement de Charles le Chauve, & dans un temps où les nouveautez de Paschase avoient excité du bruit dans l'Eglise. 2. Quand le livre *des Natures* auroit esté connu, les erreurs qui y sont contenuës étant des Peres, dont le nom est vénérable dans l'Eglise, il ne faut pas trouver étrange qu'on les eust épargnées en faveur des Peres, pour qui on a toûjours eu beaucoup de respect & de condescendence, encore qu'on n'approuve pas tous leurs sentimens. Mais supposé que l'Eglise eust toûjours crû la Transsubstatiation, & la présence réelle, l'erreur avancée & soûtenuë par Jean Scot dans le livre de l'Eucharistie contraire à ces deux articles, eust esté de luy seul & non des Peres; & par conséquent rien n'eust empesché qu'on n'eust exercé contre le livre de Jean Scot toute la rigueur de la discipline Ecclesiastique, & qu'on ne l'eust hautement condamné. 3. Les erreurs qui sont dans le livre *des Natures*, sont des erreurs spéculatives sur des matiéres hors de la veuë ou de la portée de l'esprit & des sens, au lieu que celle du livre de l'Eucharistie eust esté un erreur practique sur un Sacrement qui est à toute heure devant les yeux des Chrétiens; car supposé comme j'ay dit, que l'Eglise d'alors eust crû la Transsubstantiation & la présence réelle, comme l'Eglise Romaine les croit aujourd'huy, & qu'elle eust adoré le Sacrement comme le propre Fils de Dieu incarné, l'erreur de Jean Scot eust renversé la foy & le culte de tous les Chrétiens, & elle eust eu autant d'aversaires qu'il y avoit de personnes dans l'Eglise. Le Roy mesme, par l'ordre de qui il avoit écrit eust esté dans l'interest de faire condamner un livre si pernicieux, pour n'estre pas soupçonné d'avoir luy-mesme semé l'hérésie par la main empruntée de ce Jean Scot. Il est donc évident que les deux conséquences de l'Auteur de la Dissertation sont nulles pour diminuër ou pour effacer la gloire & l'autorité de Jean Scot; &

qu'ainsi quand le livre qui porte le nom de Bertram seroit en effet de Jean Scot, ce livre ne laisseroit pas d'estre de tres-grand poids & de tres-grande autorité.

CHAPITRE VII.

Examen de ce que l'Auteur de la Dissertation allegue contre les emplois de Iean Scot.

L'Auteur de la Dissertation se trouvant pressé des divers témoignages que les Historiens rendent à Jean Scot, s'est avisé de les prendre à partie; & pour cét effet il soûtient ces quatre choses; 1. Que Jean Scot n'a esté ny disciple du Vénérable Béde, ny compagnon d'Alcuin, ny fondateur de l'Université de Paris. 2. Qu'il n'a point esté Abbé d'Æthélinge en Angleterre. 3. Que l'histoire de son Martyre est peu assûrée. 4. Qu'il n'a point esté mis au rang des Martyrs par l'autorité des Pontifes, & qu'en effet son nom ne se trouve dans aucune édition du Martyrologe Romain.

Article. 4. 5. 6. 7. de sa Dissert. sur Jean Scot.

Pour le premier de ces articles, je ne say pas pourquoy l'Auteur de la Dissertation a voulu s'y arrester, puisque M. Claude n'avoit dit rien de semblable en parlant de Jean Scot. On sait que Béde est mort en 735. qu'Alcuin est mort en 804. & que Jean Scot estoit encore vivant l'an 870. On avouë de mesme que Jean Scot ne peut avoir esté le fondateur de l'Université de Paris, puis que cette Université n'a commencé qu'au milieu du douziéme siécle, comme les savans le reconnoissent. Mais aussi on ne peut nier que ceux qui sont tombez dans ces méprises, savoir de faire Jean Scot disciple de Béde, compagnon d'Alcuin, & l'un des Fondateurs de l'Université de Paris, n'y soient tombez, parce qu'ils ont vû le nom de Jean Scot célébre & glorieux entre les Auteurs, & qu'ils ont voulu relever par l'éclat de sa personne l'origine de l'Université de Paris; ce qui suffit pour ayder à établir sa réputation & son autorité, & pour combattre en général les prétentions de l'Auteur de la Dissertation.

Art. 4.

Quant au second article où l'Auteur soûtient que Jean Erigéne n'a pas esté Abbé d'Æthelinge, M. Claude s'estoit contenté de dire en géneral qu'il *fut fait en Angleterre Abbé d'un Monastére de*

Articl. 5.

fondation Royale. Ingulphe le dit ainsi, & mesme il marque en particulier que ce Monastére étoit celuy d'Æthelinge.

Sec.9.c.12. Append. ad Hist. Goth. p. 885.

Voilà donc au moins la bonne-foy de M. Claude à couvert. Harsfeld & le Jesuite Cellot ont rapporté comme luy le témoignage d'Ingulphe; & je ne voy pas pourquoy il eust esté defendu à M. Claude de s'en servir plûtost qu'à ces deux Auteurs qui sont de la Communion Romaine.

J'avouë qu'il y a quelque difficulté à déterminer précisément si le témoignage d'Ingulphe est absolument véritable en ce qu'il dit qu'Alfred donna l'Abbaye d'Æthelinge à Jean Scot, & je n'ignore pas qu'il y a des Auteurs qui supposent que Jean Abbé d'Æthelinge n'est pas le même que Jean Scot dont nous parlons icy. Nous verrons incontinent quelles sont les raisons que l'Auteur de la Dissertation apporte pour prouver que ce sont deux personnes differentes; mais quoy qu'il en soit il est vray en général que les Auteurs conviennent que Jean Scot, le mesme dont nous parlons, fut receu tres-favorablement du Roy Alfrede, & qu'il eut un employ considérable en Angleterre lors qu'il s'y retira, ce qui suffit pour relever son honneur, & pour faire voir qu'il ne fut nullement traitté comme un hérétique, qui auroit choqué la foy constante & universelle de l'Eglise.

D'ailleurs les raisons que l'Auteur de la Dissertation met en avant pour combattre le témoignage d'Ingulphe, qui veut que Jean Scot ait esté Abbé d'Æthelinge, sont tres-légéres, & peu capables de convaincre ou de persuader. Il demeure d'accord qu'il y eut un Jean qui fut fait Abbé d'Æthelinge; mais il veut que ce fust un autre que nostre Jean Scot. Sa premiére preuve est que Jean Abbé d'Æthelinge estoit du païs d'Essex, c'est-à-dire, du païs des Saxons Occidentaux, au lieu que l'autre estoit Irlandois.

Mais cette preuve est bien foible : car ces termes *ex Saxonum genere*, comme parlent Assere & Roger de Houëdem, ou, *ex antiquâ Saxoniâ oriundum*, comme parle Guillaume de Malmesbury, ne sont pas incompatibles avec le surnom de Scot, ou d'Erigéne, c'est-à-dire Irlandois. Rien n'empesche qu'il n'ait pû estre originaire du païs d'Essex, & Irlandois par le sejour qu'il avoit fait en Irlande. Il se peut faire que nos Francois ayent parlé moins exactement de la véritable patrie de Jean que n'a fait Assere qui le connoissoit plus particuliérement. En effet Harsfeld veut que Jean Scot n'ait esté surnommé Irlandois, qu'à cause du séjour qu'il avoit

Sec. 9.c.12.

avoit fait en Irlande où il avoit esté élevé, & qu'il fust véritablement Anglois & du païs d'Essex. On sçait que dans tous les temps on a ainsi donné des surnoms des païs à diverses personnes par occasion du sejour qu'ils y avoient fait. Ciceron donne deux parties à chacun, l'une le païs où il est né, & l'autre le païs qui l'a receu favorablement. Quand une fois cette derniére espéce de surnoms est devenuë comme propre, on les retient jusqu'à la mort, & aprés la mort; ce qui n'est pas incompatible avec ce qu'on peut dire ailleurs du païs où chacun est né. C'est pour cela aussi qu'Ingulphe qui a le premier décrit le texte d'Assere n'a pas crû quepour cette prétenduë différence du nom d'Irlandois & d'originaire du païs d'Essex on deust faire deux Jean, l'un Saxon & l'autre Irlandois. *Similiter*, dit-il, *de veteri Saxonià Ioannem cognomento Scotum acerrimi ingenii Philosophum ad se alliciens, Adelingiæ Monasterii sui constituit prælatum.* Quand il dit, *De veteri Saxonià Ioannem cognomento Scotum*; il marque assez qu'il n'y a selon luy nulle incompatibilité à le faire estre du païs d'Essex, & à luy donner pourtant le surnom d'Irlandois, l'un désignant le païs de sa naissance, & l'autre celuy de son sejour. L'Auteur de la Dissertation nous dit qu'Ingulphe s'est laissé surprendre à quelque imposteur affectionné à Jean Scot & qui auroit à dessein confondu Jean Scot avec Jean Abbé d'Æthélinge. Mais ce n'est qu'une conjecture en l'air, qui n'a ny preve ny fondement, ny apparence mesme de vérité.

De Legib. Lib. 2.

La seconde preuve de l'Auteur est prise de ce qu'il prétend que Jean Scot se retira en Angleterre pour éviter la honte qu'il avoit de passer en France pour hérétique, au lieu que Jean Abbé d'Æthelinge fut appellé en Angleterre par un Ambassade d'Alfrede.

Cette preuve n'est pas plus concluante que la précédente. Car 1. Ingulphe détruit ce prétendu sujet de la retraite de Jean Scot en Angleterre en disant qu'Alfred l'attira à luy. Le premier qui a supposé cette cause de la retraite de Jean Scot en Angleterre est Siméon de Dunelme, ou tout-au-plus Guillaume de Malmesbury, de qui l'Auteur de le Dissertation dit que Siméon l'a emprunté. Or Guillaume de Malmesbury a écrit long-temps depuis Ingulphe; les autres ont suivi Siméon de Dunelme, sans examiner si ce qu'il en avoit dit estoit bien fondé au non. Ainsi tous leurs témoignages se réduisent à celuy d'un seul homme, posterieur à Ingulphe, & qui par conséquent dans les loix de l'Histoire ne luy peut estre préferé. 2. Ces mesmes Historiens qui veulent que la cause de la retraite de Jean Scot en Angleterre fust un effet du déplaisir qu'il eut d'estre accusé d'hérésie par ses aversaires, ne laissent pas de reconnoistre qu'il y fut attiré par Alfrede, *cujus munificientià illectus, & magisterio ejus, ut ex scriptis Regis intellexi, Sublimis Melduni resedit*, dit Siméon de Dunelme; cest-à-dire, qu'il fut attiré par la liberalité du Roy, & pour estre son précepteur. Roger de Houëden & Matthieu de Vvestmunster disent la mesme chose en mesmes termes. Ainsi selon eux-mesmes ces deux choses ne se choquent point que Jean Scot ait esté appellé en Angleterre par Alfrede, & que néanmoins il y soit venu par quelque déplaisir que ses ennemis luy avoient causé en France. 3. Les Auteurs François disent aussi que Jean Scot fut appellé en Angleterre par Alfrede. Voicy comme en parle une ancienne Chronique de France qui finit en 1137. *A la priere d'Alfred, Jean Scot s'en retourna de France, où il estoit avec Charles le Chauve.* Mais 4. si l'on suppose que ce Jean dont les Historiens disent qu'il fut appellé de France en Angleterre avec S. Grimbald par une ambassade qu'Alfred y envoya exprés, est différent de nostre Jean Scot, on ne sauroit dire qui il estoit. Assere en parle, non comme d'un homme obscur, mais comme d'un personnage tres-célébre. *Le Roy*, dit-il, *envoya outre-mer en France des Ambassadeurs pour chercher des maistres, & il appella Grimbald Prestre & Moine; il appella aussi Iean qui estoit de mesme Prestre & Moine, homme de tres-grand génie, & tres-versé dans toutes les sciences.* Qu'on nous die qui estoit cét homme si célébre en France, cét homme qui faisoit tant de bruit, & qui merita d'estre appellé par une Ambassade; Car on ne voit nulle part qu'il y ait eu en France aprés le milieu du neuviéme siécle autre homme de ce caractére, & du nom de Jean, que Jean Scot. On trouve bien qu'on a fait mention de Grimbald, que c'estoit un Moine de saint Bertain qui entendoit la musique, mais qui n'égaloit pas sans doute ny l'esprit, ny le savoir de ce Jean dont parle Assere. Comment s'est-il donc fait qu'il ne reste aucune trace de ce prétendu Jean, supposé que ce ne soit pas Jean Scot?

Histor. Fr. T. 3. p. 356.

Le troisiéme fondement de l'auteur de la Dissertation est, Que Jean Scot a dû se retirer de France en Angletere environ l'an 864. au lieu que Jean Abbé d'Æthelinge compagnon de S. Grimbald n'y vint qu'en 884. Mais pourquoy faut-il que Jean

Scot soit passé de France en Angleterre environ l'an 864? *C'est*, dit l'Auteur, *que Nicolas I. ayant prié Charles le Chauve de luy envoyer au plûtost Iean Scot, ou tout au moins de ne permettre pas qu'il demeurast plus long-temps dans l'Vniversité de Paris, de peur qu'il ne la corrompist par ses erreurs*, Hinc est quod dilectioni vestræ vehementer rogantes mandamus, quatenùs Apostolatui nostro Joannem repræsentari faciatis, aut certè Parisius in Studio, cujus jam olim Capital fuisse perhibetur, morari non sinatis, ne cum tritico sacri eloquii grana lolii & zizaniæ miscere dignoscatur; & panem quærentibus venenum porrigat, *ce fut sans doute*, ajoûte l'Auteur, *aprés ces lettres, que Iean Scot se retira en Angleterre. Puis donc que le Pape Nicolas a gouverné l'Eglise depuis l'an* 858. *jusqu'à* 868. *il faut mettre l'arrivée de Iean Scot en Angleterre environ l'an* 864. *c'est-à-dire vingt-ans avant qu'Alfrede fist venir auprés de soy Grimbald & Iean. Car Assere nous assûre que ce fut l'an* 884.

Ce raisonnement suppose des faits qui ne sont pas prouvez. 1. Ce fragment de la lettre de Nicolas I. à Charles le Chauve où il est parlé de Jean Scot & de l'Université de Paris, est une piéce supposée long-temps aprés le 9. siécle; car l'Université de Paris, comme je l'ay déja remarqué, n'a commencé que dans le 12. siécle; & ces termes de *Studium*, & de *Capital*, pour dire l'Université & le Recteur de l'Université n'estoient pas en usage au temps de Nicolas I. 2. L'Auteur de la Dissertation nous apprend que la lettre d'Anastase le Bibliotéquaire des Papes à Charles le Chauve dont on a déja parlé, fut écrite l'an 875. & il le prouve par un Manuscrit que les Jesuites de Bourges en ont, qui porte expressément cette datte. Or dans cette lettre Anastase donne des éloges singuliers à Jean Scot, l'appellant *Virum per omnia Sanctum*; quelle apparence donc qu'Anastase eust donné des loüanges de cette sorte à un homme qui eust passé à Rome pour suspect d'hérésie, & qui eust esté obligé par cette raison & sur l'accusation du Pape, de se retirer de la Cour de Charles?

3. L'Auteur suppose mal-à-propos sur le témoignage d'Assere, que Jean l'Abbé d'Æthelinge ne passa en Angleterre qu'en 884. S'il eust lû Assere avec un peu plus de réflexion, il eust trouvé qu'encore qu'Assere rapporte la vocation de Grimbald & de Jean sur l'an 884. sa pensée n'est pas de l'attacher précisément à l'an 884. Assere récapitule sur l'an 884. la vie privée d'Alfred depuis l'an 868. qui fut l'année de son mariage, ayant obmis plusieurs

choses importantes pour n'interrompre pas la narration des guerres de ce Prince, de mesme que sur l'an 866. il avoit récapitulé tout ce qu'Alfred avoit fait durant sa jeunesse. Aussi Assere ne dit pas *en cette année-là*, comme il auroit fait s'il eust voulu designer précisément l'an 884. mais il dit *en ce tems-là*, *his temporibus*.

La quatriéme preuve de l'Auteur de la Dissertation n'est pas meilleure que les autres. Il dit que M. Claude ayant écrit que Jean Scot est mort l'an 884. ou mesme l'année précédente, il n'est pas possible que ce soit ce Jean qu'Alfrede Roy d'Angleterre fit appeller pour sa réputation & son savoir, puis que celuy-cy ne fut fait Abbé que l'an 888. ou 887. comme tous les Historiens en conviennent, & qu'il ne commença à regenter à Oxford que l'an 886. comme on l'apprend des Annales du Monastere de Vvinchester dont Grimbald fut fait Abbé en mesme tems que Jean son Collégue de celuy d'Æthelinge.

Mais il n'y a rien de solide en cette preuve. 1. Il est certain qu'on ne peut presque rien établir de précis par les Historiens, ny touchant l'année de la mort de Jean Scot, ny touchant celle en laquelle Alfred appella Grimbald & Jean en Angleterre. 2. Il n'y a mesme nulle assûrance à prendre sur les Annales de Vvinchester, qui rapportent sur l'an 886. la fondation de l'Université d'Oxford par Grimbald, & Jean son Collégue deux ans aprés leur arrivée en Angleterre; car cette si grande Antiquité de l'Université d'Oxford est une fable toute pure, comme l'a prouvé Usserius. Ainsi tout ce qu'on peut raisonnablement conclurre, c'est que n'y ayant en toute cette Chronologie rien de fort certain, on ne sauroit aussi rien alléguer qui persuade que Jean Scot soit mort l'an 883. ou 884. Et par conséquent la conjecture de M. Claude, qui n'a fait à cet égard que suivre Baronius, peut passer pour douteuse. Mais d'en conclurre que Jean Scot & Jean Abbé d'Æthelinge soient deux personnes différentes; c'est ce qui ne se peut nullement.

[margin: ntiq. Brit. p. 340. 341. 342.]

Apres tout, deux choses font voir assez clairement que toute cette critique de l'Auteur de la Dissertation, qui met de la différence entre Jean Scot, & Jean Abbé d'Æthelinge, est imaginaire, & qu'en effet ce n'est qu'une seule & mesme personne. L'une est qu'entre les personnes du 9. siécle qui ont fait quelque bruit en France, on ne trouve aucune mention de ce prétendu Jean qu'Alfrede appella, si on suppose qu'il soit autre que Jean Scot. L'autre est qu'il se trouveroit qu'Assere qui estoit contemporain de Jean Scot ne feroit nulle mention de luy, si Jean Scot n'est pas l'Abbé d'Æthelinge, ce qui seroit une chose fort étonnante, puis qu'on ne peut nier que Jean Scot n'ait esté un homme fort celébre, qu'il n'ait esté considéré d'Alfrede ; & par conséquent qu'il n'ait esté fort connu d'Assere qui vivoit dans la mesme Cour.

Si l'on considére ces deux raisons avec un esprit desintéressé, je suis persuadé qu'on les trouvera plus fortes que toutes les conjectures de l'Auteur. Il est vray que l'on pourroit encore former une difficulté que l'Auteur n'a pas relevée, c'est qu'Assere semble dire que ce Jean dont il parle fut assassiné par ses Moines à Æthelinge, au lieu que Guillaume de Malmesbury & les Historiens qui l'ont suivy assurẽt que Jean Scot fut assassiné par ses écoliers à Malmesbury, & qu'il y fut enterré. Mais il est certain qu'il n'y a eu rien de si facile que de confondre la circonstance du lieu où Jean Scot fut assassiné, & de prendre un lieu pour l'autre. Guillaume de Malmesbury qui est le premier de ceux qui l'ont rapporté à Malmesbury, en a écrit prés de deux cens cinquante ans aprés l'évenement. Assere ne dit point que Jean mourut sur le champ ; & il ne seroit pas impossible qu'ayant esté blessé à Æthelinge, il fust allé mourir à Malmesbury, ou qu'estant mort à Æthelinge son corps eust esté porté à Malmesbury, ou qu'ayant esté Abbé d'Æthelinge & de Malmesbury tout ensemble, comme en ce tems-là c'estoit la coûtume qu'un homme eust plusieurs Abbayes, cela ait donné occasion à cette varieté. Quoy qu'il en soit il est bien plus raisonnable de conclurre par la conformité du recit d'Assere, & de Guillaume de Malmesbury sur le fond de l'évenement, que ce n'est qu'une seule & mesme Histoire, que d'en vouloir faire deux à cause de quelque legere diversité qui est entr'eux sur la circonstance du lieu. Et cela est tout-à-fait naturel d'autant plus que comme je l'ay déja dit, nous avons le témoignage formel d'Ingulphe historien de l'onziéme siécle, qui nous assûre que ce Jean Abbé d'Æthelinge n'estoit autre que Jean Scot.

CHAPITRE VIII.

Que Iean Scot a passé pour Martyr.

T. 1. Maug. p. 739. Append. p. 585. Annal. Angl. A. 883. §. 41.

IL est certain que la mort de Jean Scot a esté regardée comme un Martyre ; Duval Docteur de Sorbonne, Cellot, & Alford Jesuites l'ont soûtenu contre les injustes soupçons de Genebrard, & de quelques autres. C'est donc en vain que l'Auteur prétend dans l'article sixiéme de sa Dissertation, que ce Martyre est une chose douteuse.

Guill. Malmesb. de gest. Reg. Angl. l. 2. c. 4. p. 24.

Il y a deux sortes de preuves qui en établissent la vérité ; l'une est réelle, & les autres sont verbales. La réelle est un monument illustre qui luy fut dressé dans l'Eglise de Malmesbury, & qui s'y trouvoit dés avant le 12. siécle avec cette inscription.

Clauditur hoc tumulo sanctus sophista Ioannes,
Qui ditatus erat jam vivens dogmate miro,
Martyrio tandem Christi conscendere regnum,
Quo meruit ; sancti regnant per secula cuncta.

Guillaume de Malmesbury a fort bien jugé que ces Vers étoient plus anciens que son tems. *Scabri quidem*, dit-il, *& moderni temporis limâ carentes, sed ab antiquo non ita deformes.*

Usser. de successf. Eccl. c. 2.

A cette preuve il faut ajoûter le témoignage de Gotzelin qui a inséré Jean dans son Catalogue des Saints d'Angleterre, qu'il composa au commencement du 12. siécle. *S. Adelmus, & Ioannes Sapiens in loco qui dicitur Adesmibirig.*

Il y faut encore ajoûter le témoignage de presque tous les Historiens : C'est ainsi qu'en parlent le Continuateur de Beda, Guillaume de Malmesbury, Simeon de Dunelme, Roger de Houëden, Matthieu de Westmonster, Helinaud Moine de Froidmond, l'Auteur du *Memoriale historiarum* dont j'ay rapporté le passage, Vincent de Beauvais, Antonin Archevesque de Florence, Baronius, & plusieurs modernes qui les ont suivis.

A tout cela l'Auteur de la Dissertation répond qu'il reconnoist la sainteté de ce Jean célébre, tant par l'Epitaphe dont parlent Guillaume de Malmesbury & les Historiens qui ont écrit aprés luy, que par le Catalogue de Gotzelin ; mais qu'il nie que ce Jean soit le mesme que Jean Scot. Il prétend donc que Guillaume de

Malmesbury, qui a le premier attribué à Jean Scot, ce qui ne convenoit qu'à un autre Jean martyre, a eu tort de le faire, que les Historiens qui ont suivi Guillaume de Malmesburi n'ont pas dû le suivre, & qu'en effet Guillaume fournit luy mesme dequoy réfuter ce qu'il en a dit. Pour fortifier cette conjecture il remarque que le Martyre de Jean Scot a esté inconnu à Bérenger, & à ceux de son party, qui n'auroient pû l'ignorer, & n'auroient pas manqué de le relever, sur tout depuis la condamnation de Jean Scot sous Nicolas II. D'où il conclut que le bruit du Martyre de Jean Scot a esté sémé par ses partisans, & que ce n'a pas esté le sentiment de l'Eglise dans laquelle Jean Scot est mort.

Mais il-y aura peu de gens qui soient satisfaits de ces conjectures de l'Auteur. Car 1. Si ce Jean le Martyr de Malmesbury n'est pas Jean Scot, qui estoit-il donc ? D'où vient qu'on en a si nuiversellement perdu la memoire depuis que Guillaume de Malmesbury l'a confondu avec Jean Scot? A-t-il vécu avant Jean Scot ou depuis luy ? Comment la méprise de Guillaume en a-t-elle pû faire perdre le souvenir à tout le reste de l'Angleterre? Comment ne s'est-il trouvé personne qui ait découvert l'erreur de Guillaume? Comment Guillaume luy-mesme n'a-t-il point trouvé quelque chose qui l'ait détrompé lors qu'il a recherché les Antiquitez de son convent pour en faire l'histoire ? C'est une chose assez étrange qu'en une matiére de fait une personne qui écrit à Paris en 1669. prétende mieux savoir de qui l'on croyoit au 12. siécle que fust le tombeau qui se voyoit à Malmesbury avec un Epitaphe, sans en rapporter aucune bonne preuve , que Guillaume de Malmesbury qui vivoit dans ce mesme convent, & qui apparemment n'avoit rien oublié pour s'en enquerir.

2. Il est probable que Guillaume n'est pas le premier Auteur qui ait parlé du Martyre de Jean Scot. Car le Continuateur de Beda qui a esté imprimé à Heidelberg en 1587. en parle formellement, & l'Auteur de la Dissertation croit que celuy qui a fait cette suite de Beda est different de Guillaume. J'avouë que Vossius s'est trompé en attachant cét Auteur à l'an 1080. puis qu'il est vray qu'il a vécu jusqu'au commencement du 12. siécle. Mais de l'erreur de Vossius il ne s'ensuit nullement qu'il soit postérieur à Guillaume. Ce Continuateur marque clairement qu'il estoit contemporain de Guitmond, or Guitmond a précedé Guillaume de Malmesbury. Car ce dernier écrivoit encore en 1142. au lieu

que l'autre mourut sur la fin de l'onziéme siécle, ou au commencement du 12. Que s'il se trouve plusieurs choses semblables dans ce Continuateur & dans Guillaume, il est plus raisonnable de dire que Guillaume a pris du Continuateur, que de dire que le Continuateur a pris de Guillaume, d'autant plus que Guillaume a porté son histoire plus loin que l'autre de 30. ans, ce qui est le caractere naturel d'un Historien postérieur. Au reste je propose seulement icy une conjecture sans rien assurer, Car je n'ignore pas qu'Usserius a écrit que Guillaume de Malmesbury luy mesme est l'Auteur de la continuation de Beda, & qu'on y a seulement ajoûté les trois derniers Chapitres, qui ne sont pas de luy.

De Eccl. suc. c 7. p. 199.

Mais supposé que Guillaume de Malmesbury soit le premier qui ait parlé du Martyre de Jean Scot, cela ne fait que confirmer davantage la vérité de cette histoire: Car écrivant comme il faisoit sur les lieux mesmes, & dans le mesme Convent où ce qu'il raconte estoit arrivé, il est juste de croire que dans cette narration il n'a rien avancé qui ne fust fondé ou sur des actes authentiques, ou sur une tradition qui de son temps passoit pour constante & certaine dans ce Convent.

C'est en vain que l'Auteur de la Dissertation veut dinstinguer ce que ce Guillaume de Malmesbury a tiré des anciens monumens de son Eglise, & ce qu'il y a ajoûté du sien. Il ne doit pas se donner ainsi le droit de faire de sa teste cette distinction sur un Historien du 12. siécle, & de nous dire précisément; Voilà ce qu'il a tiré des monumens de son Eglise; Voilà ce qu'il y a ajoûté du sien: Il y a eu un Jean martyrisé qui a esté tenu pour Saint; cela est des monumens anciens de l'Eglise de Malmesbury; mais que ce Jean fust Jean Scot, c'est une addition de Guillaume. Cette distinction de l'Auteur est assez hardie; & en effet elle a esté inconnuë à Siméon de Dunelme, à Roger de Houëden, à Matthieu de Vvestmunster, & à tous ces autres Historiens que j'ay déja marquez, qui ont tous crû de bonne foy que le martyre de Jean Scot, rapporté par Guillaume de Malmesbury, estoit une vérité d'histoire qu'il ne faloit pas revoquer en doute.

C'est encore en vain qu'il nous dit que Guillaume a esté le prémier de tous les Historiens qui ait donné au Roy Alfrede deux Précepteurs du nom de Jean, l'un surnommé de Saxon Abbé d'Æthelinge, l'autre surnommé Scot, & depuis Martyr. Premiérement Guillaume ne dit pas formellement que ce fussent deux hommes

hommes différens que Jean le Saxon & Jean Scot, il ne dit point que l'un fust surnommé le Saxon, l'autre surnommé Scot ; il dit seulement en un endroit, *Ioannem ex antiquâ Saxoniâ oriundum ;* & en un autre endroit, *Ioannes Scotus*. On ne peut pas mesme conclure necessairement de son discours qu'il les a regardez comme deux hommes différens, comme il paroistra si on prend bien garde à ce qu'il a écrit, & à l'occasion détachée qui l'a obligé la premiére fois de faire mention de ce Jean comme en passant, se reservant d'en parler en suitte plus amplement comme il l'a fait. Mais quand on supposeroit que Guillaume distingueroit ces deux Jean, cela ne fait rien pour établir que ce qu'il rapporte du Martyre de Jean Scot soit une fable de son invention, au contraire cela mesme aideroit à établir, que connoissant deux Jean, & les distinguant, il auroit mieux sceu ce qu'il falloit dire de l'un & de l'autre. On ne peut pas mesme dire qu'il ait fait deux Jean Précepteurs d'Alfrede ; car quand il parle de Jean qui fut Abbé d'Æthelinge il ne dit point qu'il ait esté Précepteur d'Alfrede, il ne le dit que sous le nom de Jean Scot.

Quant à ce que l'Auteur de la Dissertation a remarqué qu'Anastase dans sa lettre écrite à Charles le Chauve en 875. semble parler de Jean Scot comme d'un homme déja mort ; ce qui montre qu'il n'a point esté Précepteur d'Alfréde, puis que ce Prince ne s'est adonné aux lettres qu'en 884. qu'au reste il n'est pas vraysemblable qu'un Prince si religieux se soit voulu servir d'un homme fait comme Jean Scot décrié par tout comme un hérétique, chassé de l'Université de Paris à la priére & à la poursuite du Pape Nicolas I. & remply de quantité d'hérésies contraires aux premiers fondemens du Christianisme.

Je répons 1. que l'Auteur revient toûjours à son histoire fabuleuse, comme si Jean Scot avoit pû estre chassé au 9. siécle de l'Université de Paris qui n'a commencé qu'au 12. 2. Il est certain qu'Anastase parle d'Erigene comme d'un homme illustre & Saint ; *Virum*, dit-il, *per omnia Sanctum* ; ce qui ne marque pas qu'alors on le crûst indigne d'estre Précepteur d'Alfrede, ny qu'il eust esté décrié à Rome comme un hérétique. 3. Puis que Jean Scot avoit esté fort consideré de Charles le Chauve, il le pouvoit bien estre aussi d'Alfrede fils d'Ætelvvlphe gendre de Charles le Chauve, Et en effet Guillaume de Malmesbury témoigne qu'il avoit vû des écrits d'Alfrede où ce Prince traitoit Jean Scot avec estime & avec affection *Alfredi munificentiâ & ministerio usus, ut ex scriptis Regis intellexi, sublimis Melduni resedit*, & c'est se moquer du monde que de vouloir faire passer ces écrits comme fait l'Auteur pour des pieces supposées par les amis de Jean Scot & de Bérenger. 4. Il n'est pas vray qu'Anastase parle positivement de Jean Scot comme d'un homme déja mort, & quand cela seroit vray, il se pourroit faire qu'il l'eust crû ainsi à cause de son grand âge, ou sur quelque faux bruit qui se seroit répandu de sa mort. 5. Enfin c'est mal-à-propos que l'Auteur suppose qu'Alfrede ne s'est adonné aux lettres que l'an 884. il n'est tombé dans cette erreur que pour n'avoir pas consideré qu'encore qu'Assere, & quelques uns de ceux qui l'ont suivi ayent rapporté sur cette année, ce qu'ils ont dit de la pieté d'Alfrede, & de son attachement aux lettres, c'est qu'en effet ils recapitulent simplement, ce qui s'est passé depuis l'an 868. jusqu'en 884. comme je l'ay déja remarqué.

Il n'y a pas plus de force dans le raisonnement que l'Auteur tire de quelques termes dont Guillaume de Malmesbury s'est servi en rapportant l'Histoire du Martyre de Jean Scot, *Hoc tempore creditur fuisse Ioannes Scotus (Propter hanc infamiam (credo) tæduit eum Franciæ) à pueris quos docebat, ut fertur, perforatus, martyr æstimatus est.* Il prétend que ces termes sont des doutes, des craintes & des soupçons, & que ces façons de parler seroient seules capables de faire douter de la verité de ce recit.

Mais tout cela ne merite pas de réponse. 1. L'Auteur de la Dissertation a mélé le texte de Siméon de Dunelme qui porte *Propter hanc infamiam &c.* avec celuy de Guillaume de Malmesbury, qui raconte tout ce fait comme une chose entierement certaine. Et en effet le premier terme *creditur* tombe sur le tems auquel Jean Scot vivoit en Angleterre; le second *credo* est de l'addition de l'Auteur de la Dissertation, & non pas du texte de Simeon de Dunelme, qui dit simplement *Propter hanc infamiam tæduit eum Franciæ*, & quand il seroit du texte de Simeon, il ne marqueroit sinon que sa conjecture est que Jean Scot quitta la France pour le déplaisir qu'il eut de s'y voir accusé d'hérésie, je ne say même si *tæduit* dit ainsi simplement, ne seroit point une expression trop foible pour un homme que la douleur de se voir accusé d'un crime aussi capital que celuy de l'hérésie auroit fait passer d'un Royaume à un autre. Le troisiéme terme *ut fertur*, marque seulement qu'on disoit que Jean Scot avoit esté tué à coups de ganifs. Mais le quatriéme, *Martyr æstimatus est*, ne marque rien de douteux, & signifie simplement qu'il fut tenu pour Martyr, ce qui paroist par ce que Guillaume de Malmesbury ajoûte, *Quod sub ambiguo ad injuriam sanctæ animæ non dixerim cum celebrem ejus memoriam sepulcrum in sinistro latere altaris, & Epitaphii prodant versus*; Bâtir sur cela des conjectures de la fausseté de cette Histoire, c'est ce joüer du monde visiblement.

Enfin l'argument que l'Auteur de la Dissertation tire du silence de Bérenger & de ses disciples, qui n'ont jamais relevé l'histoire du Martyre de Jean Scot est de nulle considération. 1. Nous ne savons pas ce que Bérenger & ses disciples ont dit, la plusspart de leurs écrits n'estans pas parvenus jusqu'à nous. 2. Il n'y auroit nul inconvenient à supposer que la memoire du Martyre de Jean Scot arrivé dans un petit lieu tel qu'estoit Malmesbury, plus de cent cinquante ans avant les disputes de Bérenger, n'eust pas esté d'une connoissance si publique en France que Bérenger & ses disciples ne l'eussent pû ignorer. On sait qu'il ne reste presque plus rien du nom fameux de S. Angilbert, qu'il n'est pas mesme dans le Catalogue des Saints, *frustrà tamen Angilbertum quæras, ut & innumeros tutelares nostros sanctos inter moderna sanctorum Syntagmata*, disoit feu M. Petau Conseiller au Parlement de Paris. On peut dire la mesme chose d'Ingelramne on Angilramne, qui a écrit le livre des Images sous le nom de Charles-Magne, & qui a passé pour Saint. Car son nom a esté enfin oublié. Mais 3. Quand Bérenger & ses disciples auroient eu une connoissance tres-particuliére du Martyre & de la Sainteté de Jean Scot, on ne pourroit conclurre de leur silence à cét égard, sinon que souvent on ne dit pas tout ce qu'on pourroit dire sur un mesme sujet. Combien de fois nos Auteurs ont-ils allegué les livres des Images sous le nom de Charles-Magne, sans relever la qualité de Saint qu'on a donnée à ce Prince? Paschase mesme l'aversaire de Jean Scot a-t-il esté traité de Saint par Lanfranc, & par ses autres partisans dans leurs disputes contre Bérenger? Cependant il est vray qu'on l'a fait passer pour Saint à Corbie, & cette circonstance a esté relevée par Alanus & par Sirmond. *Mais*, dit l'Auteur de la Dissertation, *Ascelin n'eust pas traitté Jean Scot d'hérétique; il eust mis de la différence entre son livre &*

Syntagm. de Nith. T. 2. Hist. Fr. p. 353. Chronic. Centul. L. 1. cap. ult. & Lib. 1. c. 1. Tom. 4. Spicil.

De Euch. l. 1. c. 21. In vita Paschas.

sa personne, s'il eust crû qu'il eust passé pour Martyr & pour Saint dans l'Eglise. Je répons que cette remarque ne conclut rien, si ce n'est tout au plus qu'Ascelin se seroit laissé emporter à sa préoccupation & à sa passion; mais les emportemens d'Ascelin ne font pas que le Martyre & la Sainteté de Jean Scot soient des choses douteuses. Et quant à ce que l'Auteur remarque qu'Ingulphe ne parle pas non-plus de ce Martyre; on n'a qu'à luy dire que tous les Historiens ne disent pas tout. Ingulphe ne dit qu'un mot de Jean Scot en traittant un autre sujet. Il ne releve aucune des circonstances de sa vie; il rapporte seulement qu'il fut appellé en Angleterre par Alfrede, & étably à Æthelinge. Néanmoins il est vray qu'il luy donne le titre de *Moine tres-Saint.*

Il est donc constant que le silence de ces Ecrivains ne peut ny diminuër la certitude du récit que fait Guillaume de Malmesbury touchant le Martyre de Jean Scot, ny rien rabattre de l'estime de Sainteté où il a esté dans l'Eglise.

Il n'est pas moins constant que c'est en vain & sans raison que l'Auteur de la Dissertation s'est amusé à critiquer sur un passage de Thomas Fuller, & sur le témoignage de Hector Boëce Deidonan. Car quand Thomas Fuller, & plusieurs avec luy, se seroient trompez en disant que le Martyrologe qui fait mention de Jean Scot au 4. des Ides de Novembre fut imprimé à Anvers, l'an 1586. au lieu qu'il fut imprimé en 1583. par le commandement de Gregoire XIII, quand il seroit vray que ce Martyrologe ne seroit pas le Romain, ce que Thomas Fuller ny M. Claude n'ont point dit, quand il seroit encore vray que Baronius n'a point osté le nom de Jean Scot du Martyrologe Romain: Et quand on n'auroit pas bien entendu les paroles de Henry Firtsimon citées par Fuller & par Varæus, il est toûjours incontestable. 1. Que Molanus Professeur en Théologie à Louvain, a mis Jean Scot dans son appendice aux Martyrologe d'Usuard publié à Anvers en 1583. 2. Que M. du Saussay Evesque de Toul l'a mis de mesme dans le Martyrologe de l'Eglise Gallicane, & qu'ils ont crû l'un & l'autre devoir suivre Deidonan, qui a écrit que Jean Scot avoit esté mis au Catalogue des Saints par l'autorité sacrée des Pontifes. 3. Il se peut faire qu'Arnaud Wion disant que le nom de Jean Scot se trouve dans le Martyrologe Romain, il ait pris celuy d'Usuard pour le Romain. En effet les Savans demeurent d'accord que le Martyrologe d'Usuard a

Art.7.

Voy Valef. append. ad Eufeb. hift.

esté adopté par l'Eglise Romaine, & qu'il n'y a point eu de Martyrologe Romain tel que nous l'avons depuis Galesinius, & Baronius. 4. Quand Arnaud Wion se seroit trompé dans sa conjecture, il est toûjours vray qu'il a mis Jean Scot au rang des Saints de l'Ordre de S. Benoist, en quoy il a esté suivy par le savant Hugues Ménard, dans le texte du Martyrologe de l'Ordre de S. Benoist qu'il a donné au public. Ce qu'il confirme au 1. livre de ses Observations de ce Martyrologe. 5. Le Jesuite Alford a imité Hugues Ménard, & n'a pas cherché tous ces subterfuges de l'Auteur de la Dissertation ; car il a mis Jean Scot dans le Catalogue des Saints. C'est dans ses Annales d'Angleterre publiées à Liége en 1663. où aprés l'avoir traité de Martyr, il acquiesce au jugement qu'en a fait M. l'Evesque de Toul qui l'a mis au rang des Saints dans les Appendices de son Martyrologe.

Ad IV. Id. Novem.

A. 884. n. 4. & in Indic. Chronol.

FIN.

TABLE DES CHAPITRES.

PREMIERE PARTIE.

Où il eſt montré que le Livre du Corps & du Sang du Seigneur, publié ſous le nom de Bertram eſt un Ouvrage de Ratramne Moine de Corbie, & non pas de Jean Scot.

SECONDE PARTIE.

Que l'autorité du livre du Corps & du Sang du Seigneur, publié ſous le nom de Bertram, ne laiſſeroit pas d'eſtre tres-conſidérable, quand meſme Jean Scot en ſeroit l'Auteur.

FIN DE LA TABLE.

AVGMENTATIONS FAITES A LA RE'PONSE à M. Arnaud, au livre 3. chap. 13. ſur le ſujet de la créance des Grecs.

Page 329. apres ces mots, *Ainſi le myſtere n'eſt pas un nouveau Corps de Ieſus-Chriſt; mais le meſme qui eſt né de la Vierge*, ajoûtez,

Au reſte bien que les Grecs ſe ſervent de la comparaiſon de l'aliment, pour expliquer de quelle maniére ils entendent que le pain de l'Euchariſtie ſoit fait le Corps de Jeſus-Chriſt, il ne faut pas s'imaginer qu'ils croyent que le pain reçoive la forme phyſique ou naturelle de la chair du Seigneur, de meſme que l'aliment reçoit celle de la noſtre, ſoit que par cette forme phyſique on entende l'ame de Jeſus-Chriſt, ſoit qu'on entende quelqu'autre forme ſubſtancielle ſous-ordonnée à l'ame. Ce n'eſt nullement leur penſée; mais ils veulent dire ſimplement, que comme l'aliment que nous mangeons reçoit la forme phyſique ou naturelle de noſtre corps, ainſi le pain de l'Euchariſtie reçoit l'impreſſion de la *vertu* vivifiante & ſanctifiante qui reſide au corps naturel de Jeſus-Chriſt; & que comme l'aliment en recevant la forme phyſique de noſtre chair, eſt fait une *augmentation* de noſtre corps, de meſme le pain de l'Euchariſtie recevant l'impreſſion de la *vertu* du Corps de Jeſus-Chriſt, en eſt fait une augmentation. C'eſt une comparaiſon où il-y-a de la proportion de l'un à l'autre, & non une entiere reſſemblance. Les Grecs conçoivent la vertu ſanctifiante du Corps de Jeſus-Chriſt comme ſa forme ſurnaturelle & œconomique laquelle luy appartient non entant qu'il eſt un *corps* ſimplement; mais entant qu'il eſt le *corps du Verbe*, le principe de noſtre vie ſpirituelle, & de noſtre ſalut.

Il ſe fait donc ſelon eux, non une communication, ou une extenſion de la forme naturelle du Corps de Jeſus-Chriſt ſur le pain; mais une communication ou une extenſion de ſa vertu.

C'eſt ce qui paroiſt manifeſtement par les choſes que nous avons déja touchées. Car 1. c'eſt-à-cela que ſe rapporte cette compoſition qu'ils enſeignent du pain, & du S. Eſprit, & cette union du pain avec la Divinité. 2. C'eſt là que ſe rapportent auſſi formellement tous les paſſages que nous avons veus touchant le changement de *vertu* auquel les Grecs ſe reſtraignent uniquement, ne parlant jamais de l'impreſſion de la forme phyſique; mais toûjours de celle de la *vertu*. 3. On recueille évidemment la meſme choſe de ce que comparant le pain de l'Euchariſtie avec le corps naturel pour établir comment le pain eſt fait une augmentation de corps, ils ne diſent point que la meſme forme phyſique de l'un ſoit communiquée à l'autre; mais ils diſent ſeulement que la meſme œconomie qui fut obſervée ſur le corps naturel, eſt auſſi obſervée ſur le pain. Puis expliquant en quoy conſiſte cette meſme œconomie, ils diſent qu'elle conſiſte en ce que le pain reçoit le S. Eſprit comme le corps naturel le receût, qu'il eſt élevé comme en croix, de meſme que le corps naturel, qu'il eſt enſevely en nous, & qu'il devient enfin incorruptible comme le corps naturel. Or tout cela éloigne entiérement la penſée de l'impreſſion de la forme phyſique, & ne donne que l'idée d'une impreſſion de vertu. 4. La meſme choſe paroiſt par une grande partie des preuves que j'ay miſes en avant dans ce troiſiéme livre, comme ce qu'ils enſeignent des particules non conſacrées, qu'elles deviennent en quelque ſorte le Corps de Jeſus-Chriſt par le mélange avec la conſacrée, & qu'on en peut communier le peuple, car cela fait voir qu'ils entendent que le pain conſacré n'eſt fait le Corps de Jeſus-Chriſt que par l'impreſſion de cette vertu ſanctifiante dont nous parlons. Et ce qu'ils croyent de l'Euchariſtie conſacrée le Jeudy Saint, qu'elle eſt d'une vertu plus excellente que celle des autres jours, car cela n'auroit point de ſens, s'ils tenoient l'impreſſion de la forme naturelle de la chair de Jeſus-Chriſt ſur le pain. Et toutes les clauſes de leurs Liturgies par leſquelles il paroiſt qu'ils reſtraignent l'effet de la conſécration, à ce que le pain devienne le Corps de Jeſus-Chriſt en ſanctification & en vertu. Et ce qu'ils diſent des morts, qu'ils reçoivent cela meſme que nous recevons dans la Communion, ce qui ſeroit abſurde s'ils entendoient que la forme phyſique de la chair de Jeſus-Chriſt fuſt imprimée dans le pain, car les morts ne prennent pas cette forme phyſique. Et ce qu'ils n'adorent pas le Sacrement d'adoration de latrie abſoluë, comme font les Latins, & comme les Grecs feroient ſans doute s'ils tenoient l'impreſſion de la forme phyſique. Et ce que les Grecs du 12. ſiécle diſoient de l'Euchariſtie qu'elle eſtoit *ſans intelligence & ſans ame*, ce qui fait voir clairement qu'ils n'entendoient point que le pain du Sacrement receuſt l'impreſſion de l'ame de Jeſus-Chriſt. Et enfin ce qu'ils ont si peu de soin de conserver la substance du Sacrement, la traitant avec une négligence qui seroit impie & criminelle, ou pour mieux dire qui ne seroit pas concevable s'ils y reconnoissoient la forme physique de la chair de Jesus-Christ.

Et page 332. apres ces mots, *D'où il s'ensuit que ce qu'ils croyent prendre dans le Sacrement, n'est pas la mesme substance que celle du corps naturel du Seigneur.* ajoûtez,

V. De là il paroist que les Grecs ne croyent point la *présence réelle* des Latins. Car les Latins par la *présence réelle* entendent une présence de *substance*; c'est-à-dire, que cette mesme substance du corps naturel de Jesus-Christ en laquelle il a vécu, & est mort, & est ressuscité, & qui existe maintenant dans le Ciel; la mesme, dis-je, *en nombre*, existe aussi réellement, substanciellement, & par elle-mesme dans l'Eucharistie. Or c'est ce que les Grecs ne tiennent point, comme je viens de le faire voir. Ils croyent au contraire que cette substance que nous recevons dans l'Eucharistie, & celle du corps naturel de Jesus-Christ sont deux substances réellement différentes, dont l'une est l'augmentation, & l'autre la chose augmentée; l'une est une vraye substance de pain, & l'autre la substance du corps naturel de Jesus-Christ; l'une savoir celle du pain, reçoit selon eux l'impression de la vertu de l'autre, & l'autre la luy communique. Ils ne croyent donc point que ce mesme corps naturel de Jesus-Christ, cette mesme substance en nombre en laquelle il est mort, & est ressuscité, & qui existe maintenant dans le Ciel, existe aussi réellement dans l'Eucharistie; ce qui est précisément comme j'ay dit, la présence réelle des Latins. Ils tiennent que le pain est fait par la consécration, non une *figure* du corps de Jesus-Christ, mais une *augmentation* entant qu'il en reçoit *la vertu & l'efficace*. Si l'on veut appeller cela une maniere de *présence réelle*, je dis que ce ne sera plus qu'une question de mots, indigne d'occuper des gens sages, qui ne doivent jamais se joüer sur des équivoques. En un mot la presence des Grecs est une présence de *vertu*; celle des Latins est une présence de *substance*, de sorte qu'à cét égard ils sont dans une différence toute entiere. En effet si on prend la peine de lire exactement les choses que j'ay rapportées tant dans ce Chapitre que dans tout ce troisiéme Livre, on trouvera que la plusspart des preuves que j'allégue pour justifier que les Grecs ne croyent pas la transsubstanciation, concluent égallement contre la présence substancielle. Et sans qu'il soit besoin de les repeter icy, l'on peut y appliquer tout ce que je viens de dire, pour montrer que les Grecs ne croyent point qu'il se fasse aucune impression de la forme physique du Corps de Jesus-Christ sur le pain.

www.ingramcontent.com/pod-product-compliance
Ingram Content Group UK Ltd.
Pitfield, Milton Keynes, MK11 3LW, UK
UKHW020410180726
13839UKWH00003B/1291

9 782329 466569